LE LAPIN

Photos: Josée Lambert

Données de catalogage avant publication (Canada)
Tremblay, Manon, D.M.V.
   Le lapin
   (Nos amis les animaux)

   1. Lapin. I. Titre. II. Collection.

SF453.T73 1999   636.9'32   C99-941168-3

DISTRIBUTEURS EXCLUSIFS:

- Pour le Canada
  et les États-Unis:
  MESSAGERIES ADP*
  955, rue Amherst,
  Montréal, Québec
  H2L 3K4
  Tél.: (514) 523-1182
  Télécopieur: (514) 939-0406
  * Filiale de Sogides ltée

- Pour la France et les autres pays:
  INTER FORUM
  Immeuble Paryseine, 3, Allée de la Seine
  94854 Ivry Cedex
  Tél.: 01 49 59 11 89/91
  Télécopieur: 01 49 59 11 96
  Commandes: Tél.: 02 38 32 71 00
               Télécopieur: 02 38 32 71 28

- Pour la Suisse:
  DIFFUSION: HAVAS SERVICES SUISSE
  Case postale 69 - 1701 Fribourg - Suisse
  Tél.: (41-26) 460-80-60
  Télécopieur: (41-26) 460-80-68
  Internet: www.havas.ch
  Email: office@havas.ch
  DISTRIBUTION: OLF SA
  Z.I. 3, Corminbœuf
  Case postale 1061
  CH-1701 FRIBOURG
  Commandes: Tél.: (41-26) 467-53-33
               Télécopieur: (41-26) 467-54-66

- Pour la Belgique et
  le Luxembourg:
  PRESSES DE BELGIQUE S.A.
  Boulevard de l'Europe 117
  B-1301 Wavre
  Tél.: (010) 42-03-20
  Télécopieur: (010) 41-20-24

Pour en savoir davantage sur nos publications,
visitez notre site: **www.edjour.com**
Autres sites à visiter: www.edhommecom • www.edtypo.com
• www.edvlb.com • www.edhexagone.com • www.edutilis.com

Dépôt légal: 3ᵉ trimestre 1999
Bibliothèque nationale du Québec

ISBN 2-8904-4662-X

nos amis les animaux

Manon Tremblay, vétérinaire

LE LAPIN

le jour,
éditeur

Je dédie cet ouvrage à tous les passionnés des lapins que je côtoie en exerçant avec passion ma profession de vétérinaire à l'Hôpital vétérinaire pour oiseaux et animaux exotiques de la Rive-Sud, à Saint-Hubert.

Un merci chaleureux et sincère à ma sœur Ann Tremblay qui a fait montre de patience et de dévouement tout au long de l'élaboration de ce projet.

Je remercie également Lucy Romanoff, de l'animalerie Aquanimo de Longueuil, Johanne Castonguay et Sylvie Robert qui m'ont gentiment confié leurs lapins pour les séances de photographie.

Introduction

Parmi ses souvenirs d'enfance, qui n'a pas celui d'un magicien tenant par les oreilles un petit lapin blanc ou l'image de Bugs Bunny grignotant distraitement une carotte? Ces belles images véhiculent bien des mythes tenaces: on ne doit jamais tenir un lapin par les oreilles et il n'aime pas forcément les carottes!

Quiconque possède déjà un lapin ou désire en adopter un trouvera dans cet ouvrage tous les renseignements nécessaires pour le comprendre, l'éduquer et s'en occuper adéquatement. Il ne sera pas question ici du lapin comme sujet de laboratoire ou animal producteur de viande ou de fourrure. Je souhaite redonner au lapin ses lettres de noblesse et lui offrir toute la considération qu'il mérite. Le lapin est un compagnon merveilleux. Soyez assuré qu'il n'en finira plus de vous surprendre et de vous combler. Vous serez vite conquis! À vous maintenant de le découvrir et de l'apprécier.

CHAPITRE PREMIER

Origine, classification et races

ORIGINE

Le lapin domestique (*Oryctolagus cuniculus*) tel que nous le connaissons aujourd'hui est le fier descendant du lapin de garenne qui pullulait il y a plusieurs milliers d'années en Europe et dans le nord-ouest de l'Afrique, où il vit encore à l'état sauvage.

Au temps des Romains, on gardait les lapins sauvages capturés dans des léporariums dans le but de les consommer. Les Espagnols (100 ans av. J.-C.) ont été les premiers à les domestiquer réellement. Le lapin s'est très bien adapté à la vie en captivité et est devenu une source alimentaire intéressante. À cette époque, les techniques d'élevage étaient fort rudimentaires. On plaçait les femelles en présence des mâles et on laissait faire la nature. Les individus se reproduisaient donc de façon aléatoire.

Vers l'an 1000, des moines français apportent une dimension nouvelle à l'élevage cunicole (élevage des lapins) : le croisement contrôlé des sujets dans le but de sélectionner des caractéristiques intéressantes. Ainsi sont apparus de nouvelles couleurs, des formes d'oreilles différentes, des tempéraments de plus en plus intéressants, etc.

Au XVIe siècle, les grands explorateurs embarquent des lapins à bord de leurs bateaux en guise de nourriture, contribuant par la même occasion à leur distribution sur tous les continents. C'est ainsi que Monsieur Lapin fit le tour du monde ! Ils ont proliféré dans les pays où le climat le permettait et ont formé des populations importantes. Dans certains endroits, ils ont même bouleversé l'équilibre écologique. En l'absence de prédateurs naturels, leur nombre a dépassé de beaucoup la capacité d'accueil de leur terre adoptive dérangeant la faune indigène. Au fil des siècles, la sélection des mutants et la variété des croisements ont permis de développer les races telles que nous les connaissons aujourd'hui. Le petit lapin sauvage d'autrefois est bien loin…

CLASSIFICATION

Le lapin n'est pas un rongeur mais un lagomorphe. Voici sa carte d'identité, c'est-à-dire sa classification scientifique.

Classe : mammifère
Ordre : lagomorphe
Famille : léporidé
Espèce : *Oryctolagus cuniculus*

Reprenons ici chacun des éléments de cette classification.
- Mammifère : le lapin possède des mamelles pour allaiter ses petits.
- Lagomorphe : le lagomorphe a une paire d'incisives de plus que le rongeur (cochon d'Inde, rat, chinchilla, etc.) qui a deux incisives supérieures. Observez bien les dents de votre lapin et vous trouverez deux petites incisives cachées juste derrière les grandes incisives supérieures. Ainsi, on retrouve un total de six incisives chez les lagomorphes et quatre chez les rongeurs.
- Léporidé : les deux représentants de cette famille sont le lapin et le lièvre.
- *Oryctolagus cuniculus* : nom latin donné au lapin. C'est son identification personnelle la plus précise.

Il faut savoir que, malgré leur grande ressemblance, le lièvre et le lapin ne font pas partie de la même espèce. Bien qu'un lapin puisse à l'occasion se reproduire avec un lièvre, cela ne représente qu'un cul-de-sac biologique, car aucun de leur descendant ne sera fertile.

Pour vous aider à les différencier, voici un tableau résumant les caractéristiques des deux espèces.

	Lapin	Lièvre
Ordre	lagomorphe	lagomorphe
Famille	léporidé	léporidé
Espèce	*Oryctolagus cuniculus*	*Lepus sp*
Oreilles	courtes : 7 à 8 cm	longues : 12 à 14 cm
Gestation	28 à 35 jours	42 jours en moyenne
Nouveau-né	nidicole (sans poil, aveugle, reste au nid)	nidifuge (poilu, voyant, déserte le nid)
Capacité à survivre dans la nature l'hiver	faible probabilité	oui
Vie en captivité	très facile	très difficile

RACES

Grâce au contrôle des croisements et à la sélection des mutants, on est passé du lapin sauvage uniformément gris à toute une diversité de races. De nouvelles couleurs, textures de poil, formes d'oreilles et grosseurs sont apparues, et ce au plus grand plaisir des amateurs de lapins.

La génétique du lapin est pleine de potentiel. Des croisements récents ont abouti à l'enregistrement officiel de nouvelles races, comme, par exemple, Mini Rex 1988 et Bélier laineux 1988. Mais toutes font partie de la même espèce (*Oryctolagus cuniculus*). On dénombre 45 races de lapins. Avec toutes les combinaisons de couleurs possibles, on a donc le choix entre plus de 130 lapins différents. Avec tous les croisements possibles entre ces races pures, on obtient un choix infini de lapins croisés. De quoi satisfaire tous les goûts !

Il est possible de regrouper les races de lapins en trois catégories :
- grosses races : 6,4 à 7,3 kg (14 à 16 lb)
  exemples : Chinchilla géant, Géant des Flandres ;
- races moyennes : 1,8 à 6,3 kg (4 à 14 lb)
  exemples : Californien, Nouvelle-Zélande ;
- petites races : 0,9 à 1,8 kg (2 à 4 lb)
  exemples : Polonais, Nain néerlandais.

Voici la liste des races reconnues de lapins avec leur poids moyen adulte. Notez que les femelles ont tendance à être légèrement plus grosses que les mâles.

Nom français	Nom anglais	Poids adulte en kg
Américain	American	4 à 5,4 (9 à 12 lb)
Angora anglais	Angora-English	2,2 à 3,4 (5 à 7½ lb)
Angora français	Angora-French	3,4 à 4,7 (7½ à 10½ lb)
Angora géant	Angora-Giant	3,8 et + (8½ lb et +)
Angora satin	Angora-Satin	2,7 et + (6 lb et +)
Argenté	Silver	1,8 à 3,2 (4 à 7 lb)
Argenté de Champagne	Champagne d'argent	4 à 5,4 (9 à 12 lb)
Bélier anglais	Lop-English	4 et + (9 lb et +)
Bélier français	Lop-French	4,5 à 5,4 (10 à 12 lb)
Bélier hollandais	Lop-Holland	- de 1,8 (- de 4 lb)
Bélier laineux	American Fuzzy Lop	- de 1,8 (- de 4 lb)
Beveren	Beveren	3,6 à 5 (8 à 11 lb)
Blanc de Floride	Florida White	1,8 à 2,7 (4 à 6 lb)
Blanc de Hotot	Hotot	3,6 à 4,9 (8 à 11 lb)
Blanc de Hotot nain	Dwarf Hotot	- de 1,5 (- de 3½ lb)
Britannia petite	Britannia Petite	- de 1,1 (- de 2½ lb)

Californien	Californian	3,6 à 4,7 (8 à 10½ lb)
Cannelle	Cinnamon	3,8 à 4,9 (8½ à 11 lb)
Chinchilla américain	Chinchilla-American	4 à 5,4 (9 à 12 lb)
Chinchilla géant	Chinchilla-Giant	5,4 et + (12 lb et +)
Chinchilla standard	Chinchilla-Standard	2,2 à 3,4 (5 à 7½ lb)
Crème d'argent	Crème d'argent	3,6 à 5 (8 à 11 lb)
English Spot	English Spot	2,2 à 3,6 (5 à 8 lb)
Géant des Flandres	Flemish Giant	5,8 et + (13 lb et +)
Harlequin	Harlequin	3 à 4,2 (6½ à 9½ lb)
Havane	Havana	2 à 3 (4½ à 6½ lb)
Himalayen	Himalayan	1,1 à 2 (2½ à 4½ lb)
Hollandais	Dutch	1,5 à 2,5 (3½ à 5½ lb)
Jersey laineux	Jersey Wooley	- de 1,5 (- de 3½ lb)
Lièvre belge	Belgian Hare	2,7 à 4,2 (6 à 9½ lb)
Lilas	Lilac	2,5 à 3,6 (5½ à 8 lb)
Martre argentée	Silver Marten	2,7 à 4,2 (6 à 9½ lb)
Mini Bélier	Lop-Mini	2 à 3 (4½ à 6½ lb)
Mini Rex	Rex Mini	1 à 2 (2 à 4 lb)
Nain néerlandais	Netherland Dwarf	- de 1,1 (- de 2½ lb)
Nouvelle-Zélande	New Zealand	4 à 5,4 (9 à 12 lb)
Palomino	Palomino	3,6 à 4,9 (8 à 11 lb)
Papillon géant	Checkered Giant	4,9 et + (11 lb et +)
Polonais	Polish	- de 1,5 (- de 3½ lb)
Renard argenté	Silver Fox	4 à 5,4 (9 à 12 lb)
Rex	Rex	3,4 à 4,7 (7½ à 10½ lb)
Rhinelander	Rhinelander	3 à 4,5 (6½ à 10 lb)
Satin	Satin	3,8 à 4,9 (8½ à 11 lb)
Tan	Tan	1,8 à 2,7 (4 à 6 lb)
Zibeline américaine	American Sable	3,1 à 4,5 (7 à 10 lb)

Voici une description des races les plus fréquentes. Si vous désirez en savoir plus, vous pouvez obtenir la description complète des standards des 45 races en communiquant avec l'American Rabbit Breeders Association, P.O. Box 426, Bloomington, Illinois 61702, USA.

Angora

Les lapins Angora ressemblent à de grosses boules de ouate. Leur pelage long et laineux fait leur charme, mais il demande beaucoup de soins. On doit le brosser quotidiennement sans quoi les poils s'emmêlent rapidement. Utilisés surtout par les artisans pour la laine, ils n'en sont pas moins d'excellents lapins de compagnie. Leur tempérament dévoué et loyal est fort apprécié. Leur patience et leur calme rendent les séances de brossage agréables.

On reconnaît quatre races différentes d'Angora :

- Angora anglais ;
- Angora français ;
- Angora géant ;
- Angora satin.

L'Angora géant, version « grosse race » de l'Angora anglais, a été créé pour maximiser la production de laine. Son pelage laineux couvre tout le corps, sauf la face. De longs poils recouvrent le pavillon des oreilles et forment une petite touffe à leur extrémité. Il est vraiment adorable ! L'Angora français et l'Angora satin n'ont pas ces longs poils sur les oreilles. Si vous désirez un lapin plus petit mais possédant sensiblement le même pelage que les races Angora, vous aimerez certainement le Jersey laineux. Les lapins Angora existent dans une grande variété de couleurs. Gâtez-vous, mais n'oubliez pas le peigne et la brosse...

Bélier anglais

Ses oreilles ont fait sa renommée. Imaginez des oreilles pendantes si longues qu'elles traînent allègrement au sol! Elles mesurent au minimum 52,5 cm (21 po) et leur croissance se termine vers l'âge de quatre mois. Vous pouvez aussi choisir cette race pour son bon caractère et sa belle personnalité. Sachez néanmoins que le Bélier anglais fait partie des grosses races et qu'il a besoin d'une cage suffisamment grande afin de ne pas blesser ses oreilles.

Bélier français

Ce lapin Bélier est massif, trapu, musclé et compact. Sa tête est large et fortement développée. Les oreilles pendantes dépassent la mâchoire inférieure d'environ 3,5 cm (1½ po). Ce lapin fait partie des grosses races. Il existe en plusieurs couleurs. Si vous désirez adopter un lapin avec un bon caractère, achetez-le chez un éleveur sérieux, car il privilégie la reproduction des individus possédant un tempérament doux.

Mini Bélier

Reconnu comme race dans les années 1980, le Mini Bélier ressemble beaucoup au Bélier français mais en plus petit format.

Bélier Hollandais

Quel bel animal! Ce petit lapin au corps compact, aux oreilles courtes et pendantes et aux yeux doux fait chavirer bien des cœurs. La race, originaire de Hollande, a vu le jour dans les années 1960. Elle existe en une grande variété de couleurs: blanc à pointes colorées, tacheté, bleu crème, écaille de tortue, crème, chocolat, noir, etc. La tête est d'une bonne largeur. La zone plane entre les yeux et le museau lui donne vaguement l'apparence du chat persan. Ce lapin est le compagnon idéal pour les enfants, car il est facile à manipuler. Calme et doux, il adore se faire caresser et a besoin de beaucoup d'attention. Ce n'est pas un lapin indépendant. Il aura tendance à s'ennuyer si vous le négligez. Si vous recherchez un lapin qui n'est pas hyperactif mais quand même dynamique, le Bélier hollandais est tout indiqué.

Bélier laineux

Ce lapin est le fruit du croisement entre le Bélier hollandais et le lapin Angora. La race a vu le jour sur la côte ouest des États-Unis et a été reconnue en 1988. Ce lapin petit format demande un entretien quotidien de sa fourrure. Les poils peuvent atteindre jusqu'à 5 cm (2 po) de longueur et s'emmêlent facilement. Le choix de couleurs est vaste. À vous de choisir la robe de votre nouvel ami!

Blanc de Hotot nain

Ce joli lapin est très attrayant, autant en raison de sa grosseur que de son faciès. Originaire d'Allemagne (1981), cette race se caractérise par un pelage entièrement blanc qui contraste avec une bande de poils noirs autour des yeux. Le corps est compact. Les oreilles aux extrémités arrondies sont courtes (5,5 cm ou 2¼ po). Les yeux sont brun foncé. Si des taches colorées dans le pelage le disqualifie pour les expositions, il n'en reste pas moins un charmant compagnon!

La race Blanc de Hotot est semblable en tout point à son homologue nain en ce qui concerne la couleur du pelage. Il se différencie par sa carrure plus imposante et ses oreilles plus longues portées bien droites sur la tête.

Californien

Cette race a été créée par George West en 1928 en Californie. Ce lapin de bonne stature possède un pelage caractéristique rappelant celui du chat siamois: corps blanc immaculé et extrémités (nez, oreilles, pieds, queue) aussi noires que possible. Les yeux sont roses. Ce lapin de grosse race à la santé robuste est un excellent animal de compagnie.

English Spot

Cette vieille race est née en Angleterre, en 1880. Le pelage est blanc, marqué de plusieurs taches de couleur : raie sur le dos, marques sur les côtés et le ventre, marquage autour des yeux, du nez et sur les oreilles. Les couleurs des taches sont : bleu, chocolat, doré, écaille de tortue, gris, lilas et noir. Fait intéressant, la tache colorée sur le nez ressemble à un papillon, d'où son autre nom de «Papillon anglais».

Géant des Flandres

Si vous disposez de beaucoup d'espace, le Géant des Flandres est pour vous! Ce grand lapin finit sa croissance entre 12 et 14 mois. Il pourra peser plus de 6,3 kg (14 lb). Il existe en blanc (yeux roses), en bleu (yeux bleu-gris), en fauve (yeux bruns), en gris acier ou gris pâle (yeux bruns) et en noir (yeux bruns). De tempérament calme et paisible, il peut parfois être agressif. Choisissez un éleveur qui a sélectionné ses lapins pour leur bon caractère.

Himalayen

Ce lapin est originaire des montagnes himalayennes. Son corps est long et tubulaire. Il ressemble plus à un chat qu'à un lapin compact. Son pelage est blanc et ses extrémités (nez, oreilles, pieds et queue) sont foncées (noires ou bleues). Les yeux sont roses. Très docile et calme, il représente un choix judicieux si vous avez des enfants.

Hollandais

Cette race est l'une des plus anciennes. Originaire de Hollande et exportée en Angleterre vers 1850, elle a été par la suite introduite en Amérique. On reconnaît facilement le lapin Hollandais à sa fourrure : la moitié postérieure du corps est de couleur foncée et la partie avant du corps est blanche. Les oreilles ainsi que le tour des yeux et la joue sont de la même couleur que la moitié postérieure. Le lapin semble porter un masque. Le bout des pattes arrières est blanc. La partie colorée peut être acier, bleu, chocolat, écaille de tortue, gris ou noir. Le Hollandais est un lapin plutôt indépendant. Il sera très heureux dans une famille sans enfants, même si ses maîtres travaillent le jour. Il apprécie quand même les caresses et est très affectueux.

Nain néerlandais

C'est le plus petit de tous les lapins. Sa tête est ronde, le cou est très court. Les oreilles sont petites : 5 cm (2 po). Les yeux sont ronds, vifs et proéminents. Il existe plus de 30 variétés de couleurs. Leur caractère peut grossièrement se comparer à celui d'un chat : affectueux mais indépendant, capricieux et ayant un grand besoin d'attention. Sa vivacité d'esprit surprend parfois et en fait un lapin qui sait ce qu'il veut dans la vie ! Il est tout à fait adorable et attachant.

Nouvelle-Zélande

Cette race est la plus employée par les laboratoires. Les individus ont été sélectionnés depuis plusieurs générations en en privilégiant les individus qui ont bon caractère. La majorité de ces lapins est albinos (blanc aux yeux roses) mais il existe aussi une grande variété de couleurs. Ce lapin est rarement malade. Calme et posé, c'est un compagnon fort agréable.

Rex

Si vous commencez à caresser un lapin Rex, vous ne voudrez plus vous arrêter ! En effet, le pelage de ce lapin est court, très fourni et extrêmement soyeux, encore plus doux que du velours. De grosseur moyenne, ce lapin est calme et a l'allure distinguée. Ses vibrisses frisées (poils de la moustache) ajoutent à son charme. Cette race est le résultat d'une mutation et existe en plusieurs couleurs : blanc, bleu, chinchilla, noir, chocolat, etc. Le manteau est uni ou tacheté.

Des croisements sélectionnés ont permis de miniaturiser la race. La race Mini Rex est reconnue en 1988. Sa personnalité agréable en fait un excellent lapin de compagnie. Le choix de couleurs est aussi varié que chez le Rex.

CHAPITRE II

Anatomie et physiologie du lapin

L'anatomie très particulière du lapin est le résultat de la sélection naturelle. En tant que proie, le lapin doit être très attentif à la présence d'un prédateur et donc avoir des sens très développés. Il doit aussi être capable de se sauver rapidement, ce qui implique légèreté et puissance de ses mouvements.

LE SYSTÈME MUSCULO-SQUELETTIQUE

Le squelette du lapin ne représente que 8 % de son poids par rapport à 13 % chez le chat. Ces petits os le rendent plus léger. En revanche, il est doté d'une musculature très développée et puissante. Cette combinaison gagnante lui permet de déserter rapidement un endroit dangereux, mais peut malheureusement devenir un handicap pour ce pauvre lapin. Dans un instant de panique, pour se libérer de votre étreinte, il peut contracter violemment les gros muscles du dos et des cuisses. Cette ruade se solde parfois par des fractures de la colonne ou des longs os des pattes. Souvenez-vous qu'une contention stable peut éviter bien des ennuis. Vous devez toujours soutenir l'arrière-train de façon adéquate. Si le lapin est pris de panique, n'insistez pas. Posez-le par terre et essayez de le prendre de nouveau après l'avoir rassuré. Avec ses griffes acérées aux pattes arrières, il peut aussi vous infliger de douloureuses blessures.

La structure même des pattes permet au lapin de fuir plus rapidement. La puissance des pattes de derrière le propulse efficacement. Le dessous des orteils couvert de fourrure a l'aspect d'une raquette. Cette caractéristique morphologique lui facilite les déplacements dans le sable, la neige ou la boue.

Les sens

La vue

Les yeux situés latéralement de chaque côté du crâne donnent au lapin une vision panoramique de 190° pour chaque globe oculaire, vision idéale pour voir venir l'ennemi! En comparaison, les yeux des animaux prédateurs (chiens, chats, coyotes, etc.) sont placés à l'avant du crâne, ce qui leur permet de bien visualiser la proie qu'ils pourchassent.

L'acuité visuelle du lapin est excellente, surtout en ce qui concerne les objets en mouvement. De plus, certaines études tendent à démontrer que le lapin pourrait distinguer le bleu et le vert.

Remarques

- Une troisième paupière appelée nictitante est cachée au coin interne de l'œil. Il se peut que vous l'aperceviez à l'occasion. Le phénomène ne dure parfois que quelques minutes.
- Le canal naso-lacrymal permet au surplus de larmes du lapin de se déverser directement dans la cavité nasale. Il prend naissance à l'intérieur de la paupière inférieure. Il arrive parfois qu'il se bloque (débris cellulaires, inflammation, infection, abcès ou masse compressive). Dans ce cas, les larmes se déversent à l'extérieur de l'œil — ou des deux yeux — et souillent les poils en séchant. La zone qui s'étend de l'œil jusqu'au nez est particulièrement affectée. Un examen est nécessaire pour déterminer la cause du problème. Parfois, l'application de gouttes ophtalmiques contenant des antibiotiques et un massage du canal naso-lacrymal sont suffisants. Pour les cas plus sérieux, on pratique une courte anesthésie et on irrigue

le canal fautif avec une solution saline stérile pour le rendre de nouveau fonctionnel.

- La pupille du lapin possède la capacité de se dilater énormément. La sensibilité du lapin à la lumière est huit fois plus importante que celle de l'humain. Dans la pénombre, Monsieur Lapin vous apercevra bien avant que vous ne puissiez le voir.
- Il est possible qu'un lapin devienne aveugle à la suite d'une maladie ou d'un traumatisme important. Certains lapereaux peuvent même naître aveugles avec une malformation congénitale aux yeux. Cet handicap ne nécessite cependant pas automatiquement une euthanasie. Un lapin aveugle apprend facilement à fonctionner dans sa cage, à condition que les accessoires ne soient pas constamment déplacés. Vous pouvez également lui permettre de se dégourdir les pattes dans la maison. Il mémorisera rapidement les obstacles à éviter, notamment l'emplacement des meubles. Il ne se cognera le nez que très rarement. Pensez tout de même à le protéger des chutes dans les escaliers en installant une barrière d'enfant.

Le toucher

Les lèvres et les vibrisses du lapin jouent un rôle de premier plan dans la transmission des sensations tactiles. La position latérale des yeux du lapin ne lui permettant pas de voir la région juste devant son nez, ce sont ses lèvres qui l'informent sur la nourriture et les objets qu'il manipule.

L'ouïe

L'ouïe du lapin est très sensible. Ses grandes oreilles lui permettent d'entendre les moindres sons et de les localiser facilement. Chez certaines espèces, les oreilles occupent près de 12 % de la surface corporelle. Étant très bien vascularisées, elles participent à la thermorégulation du lapin. Par temps chaud, les vaisseaux sanguins se dilatent et évacuent la chaleur. Par temps froid, ils se contractent et laissent passer moins de sang dans les oreilles, ce qui a pour effet de conserver la chaleur corporelle.

- Le lapin Bélier naît avec les oreilles droites. Elles commencent à se plier à partir de 4 à 5 semaines et le processus peut se dérouler jusqu'à l'âge de 3 mois.
- Si l'on croise un lapin Bélier avec un lapin aux oreilles droites, on obtient certains descendants avec une oreille dressée et une autre pendante.

L'odorat

Ce sens très développé permet surtout au lapin de détecter les odeurs corporelles de ses congénères. L'odorat joue un rôle social non négligeable et il n'est pas étonnant d'apprendre que la nature a doté le lapin de plusieurs glandes odoriférantes : les glandes mentonnières, les glandes inguinales et les glandes anales.

Les glandes mentonnières : ces très petites glandes sécrètent une substance à l'odeur imperceptible pour l'homme. Pour disperser cette substance, les lapins se frottent le menton sur les objets ou sur vous. Dans un groupe, les lapins se marquent entre eux pour se reconnaître et les lapines identifient leurs nouveaux-nés. De cette façon, les intrus sont rapidement démasqués. Le lapin de maison identifie ainsi ses objets favoris. Si vous recevez quelques petits mouvements de menton, vous faites, à coup sûr, partie de son cercle d'amis !

Les glandes inguinales : situées de chaque côté du pénis ou de la vulve, elles ont toutes deux la forme d'un repli cutané. Dans celui-ci s'accumule une substance dont la consistance rappelle celle du cérumen. L'odeur n'est pas du tout discrète et très persistante. Quand la glande est pleine, on observe facilement une accumulation de sécrétions brun-noir. Au besoin, on peut la nettoyer à l'aide d'un coton-tige. N'y mettez surtout pas le doigt, car vous aurez de la difficulté à vous débarrasser de l'odeur. Le lapin marque son territoire grâce à ces deux glandes.

Les glandes anales : ces deux petites glandes situées autour de l'anus déversent leur sécrétion sur les selles. Celles-ci, identifiées à l'odeur du lapin, deviennent un élément important dans le marquage du territoire. Le fait de répandre ses odeurs et de marquer son territoire permet au lapin d'éloigner les intrus et de rassurer les membres de son groupe, aussi imaginaires puissent-ils être. Les mâles marquent généralement plus que les femelles, et l'individu dominant plus souvent que ses subordonnés.

Remarques

- Le lapin ne possède pas de glandes sudoripares, sauf quelques-unes autour des lèvres. Incapable de suer, il supporte mal les températures élevées. De plus, il ne peut pas haleter pour se rafraîchir, car il lui est presque impossible de respirer par la bouche.
- Le lapin possède des glandes sébacées. Elles produisent des huiles qui lustrent son pelage. Il les étend avec sa langue lors du toilettage. Chez le lapin obèse qui ne peut plus atteindre certains endroits de son corps — en particulier le dos —, les poils deviennent souvent gras et pleins de pellicules. Il est alors important de le mettre au régime. Demandez conseil à votre vétérinaire. Vous pouvez aussi le brosser plus fréquemment ou lui faire prendre un bain.

Le goût

On ne donne pas n'importe quoi à manger à Monsieur Lapin. À vous de déterminer ses préférences, mais la fraîcheur des aliments est primordiale, sans quoi il les refusera.

LE SYSTÈME DIGESTIF

Le lapin est un énorme appareil digestif sur quatre pattes, supporté par une frêle ossature et enrobé d'une musculature imposante. Cette description quelque peu imagée décrit tout de même très bien la réalité.

Les dents

Le lapin possède 28 dents. Bien que sa bouche soit petite et étroite et que sa grosse langue y occupe la majeure partie de l'espace, il y a tout de même de la place pour 22 molaires et prémolaires. Placées sur la partie arrière des mâchoires supérieures et inférieures, elles sont petites et servent à broyer les aliments. En soulevant les lèvres de votre lapin, vous ne voyez que quatre incisives, deux supérieures et deux inférieures. Il n'y a même pas de canines. Votre animal est tout à fait normal. En tant que lagomorphe, il cache deux petites incisives derrière ses incisives supérieures. Voilà, le compte y est!

L'absence de canines crée un espace nommé diastème, espace fort important lors de l'administration d'un médicament. La nature a décidément tout prévu: au besoin, vous pouvez y insérer une seringue ou un compte-gouttes.

Structure de la dent

Les incisives du lapin sont différentes de celles de la plupart des animaux, car elles sont recouvertes d'émail très dur sur leur face antérieure seulement. En revanche, la partie postérieure de la dent est constituée de dentine, une substance plus friable. Il en résulte une usure plus rapide de la partie arrière de la dent. Vues de côté, les incisives sont usées en biseau, ce qui leur permet de rester bien tranchantes. Comprenez-vous maintenant pourquoi le lapin coupe si facilement les fils électriques?

STRUCTURE DE LA DENT
Incisives vues de côté

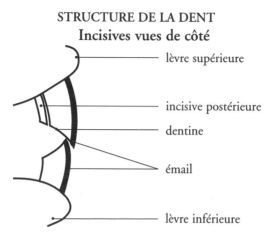

lèvre supérieure

incisive postérieure

dentine

émail

lèvre inférieure

La digestion

Le lapin coupe sa nourriture avec les incisives, puis il la broie avec ses prémolaires et ses molaires. Imprégnée par la salive provenant des glandes sali-
vaires, chaque bouchée avalée descend ensuite le long de l'œsophage pour
aboutir dans l'estomac. L'acidité de celui-ci fragmente les particules de
nourriture les rendant ainsi assimilables par l'intestin. Particularité importante : l'anatomie de l'estomac du lapin l'empêche de vomir. Voilà pourquoi
un jeûne n'est pas nécessaire avant une anesthésie. La nourriture poursuit
ensuite son cours dans le petit intestin — il mesure environ 10 fois la longueur du lapin — où a lieu l'absorption des éléments nutritifs. L'étape suivante se déroule dans le gros intestin. Les contractions du côlon séparent les
particules de fibres insolubles des composantes non fibreuses et solubles.
Les fibres insolubles sont excrétées sous forme de selles dures et rondes
caractéristiques. Les autres composantes solubles, dirigées vers le cæcum,
sont fermentées par des bactéries. Le résultat de cette fermentation est
excrété à son tour sous formes de petites selles collantes et verdâtres appelées cæcotropes. Celles-ci sont riches en vitamines B et K, et contiennent

approximativement 30 % de protéines et 15 % de glucides. Elles sont réabsorbées par le lapin qui en retirera des éléments nutritifs supplémentaires et essentiels. Le lapin est donc un animal coprophage : il mange ces selles directement à partir de son anus à mesure qu'il les expulse. Privé de ses cæcotropes, il développe des carences. Sa digestion s'effectue en quatre à cinq heures. Comme il grignote toute la journée et même parfois la nuit, il n'est pas étonnant qu'il produise autant de selles.

Remarque

Solution écologique : utilisez les selles de votre lapin comme fertilisant dans les jardins et les plates-bandes.

LA DIGESTION DU LAPIN

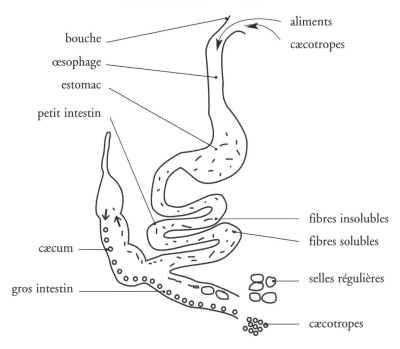

LE SYSTÈME URINAIRE

Vous êtes-vous déjà demandé pourquoi l'urine de votre lapin causait des taches si tenaces et si difficiles à nettoyer ? La raison en est fort simple. L'urine très alcaline contient des cristaux de phosphate et de carbonate de calcium qui cristallisent sur le plastique. La seule façon de s'en débarrasser est de gratter la tache avec un outil en métal ou en plastique.

Remarque

- La présence de cristaux dans l'urine du lapin est normale : elle est plus ou moins importante selon la quantité de calcium contenue dans la nourriture. Trop de calcium alimentaire prédispose le lapin à des pathologies urinaires (voir chapitre VIII).
- L'urine normale d'un lapin peut passer du jaune clair, au beige et au orangé. La couleur dépend de l'alimentation et des pigments excrétés (porphyrines). Cependant, toute trace de sang, aussi minime soit-elle, est anormale et nécessite une visite chez votre vétérinaire.
- Les odeurs d'ammoniaque dégagées par une litière souillée d'urine sont très irritantes pour le système respiratoire du lapin. Nettoyez-la fréquemment.
- L'urine d'un lapin mâle non castré dégage beaucoup plus d'odeurs que celle d'un individu stérilisé.

LE SYSTÈME CARDIO-RESPIRATOIRE

La cage thoracique et les poumons du lapin sont petits par rapport à son abdomen. Cette particularité anatomique limite l'endurance du lapin à l'exercice. Il est de type sprinter. Il peut courir très rapidement sur une courte distance, mais il n'est pas un bon candidat pour le marathon. Un lapin au repos respire une trentaine de fois par minute et le rythme de son cœur est d'environ 150 battements par minute. Lors d'un exercice violent, le rythme cardiaque atteint facilement 325 battements et plus par minute, et la cadence de sa respiration double. Comme il respire obligatoirement par le nez, pas étonnant que son endurance soit limitée.

La paroi des veines du lapin étant mince, des hématomes se forment facilement au cours des prises de sang. On ne devrait jamais utiliser les veines des oreilles du lapin domestique pour faire des prises de sang ou des injections intraveineuses. Des cicatrices inesthétiques sur le pavillon de l'oreille d'un lapin sont parfois le résultat d'une veine éclatée. Il est préférable d'utiliser les veines des pattes.

LE PELAGE

Le pelage de votre lapin se compose de trois sortes de poils :
- la bourre, poil doux, moelleux et floconneux, assurant l'isolation thermique du lapin ;
- le poil intermédiaire ;
- le poil définitif, le jarre. Ce sont des gros poils plus longs que la bourre et qui la protègent. Ils donnent du corps et de la densité au pelage.

Le pourcentage de ces trois sortes de poils varie selon l'âge. Chez le jeune individu, la bourre compose la majorité du manteau, alors qu'à l'âge adulte, le jarre prend beaucoup plus de place. Pas étonnant que bébé lapin soit si doux et ressemble à une boule de ouate !

La mue

La mue a normalement lieu deux fois par année, à l'automne et au printemps. Pendant cette période, l'animal risque de développer des trichobenzoars ou boules de poil (voir chapitre VIII).

Une mue normale ne devrait jamais laisser des zones dénudées, pas plus qu'elle ne devrait durer plus de deux à quatre semaines.

Remarques

- Il est possible qu'un lapin change de couleur en muant: par exemple, passer du beige au gris.
- Lors d'une mue sévère, vous pouvez observer la «ligne de mue» avancer du nez vers la queue.
- Il existe chez le lapin une zone triangulaire à la base du cou, entre les deux omoplates, où la densité du pelage est beaucoup moins importante que sur le reste du dos. Cette particularité est parfois interprétée à tort comme étant pathologique.

CHAPITRE III

Le lapin : un excellent animal de compagnie

Si vous croyez qu'un lapin passe la majeure partie de sa vie en cage, qu'il sent mauvais, qu'il ne joue pas et qu'il est totalement dépourvu d'intelligence, lisez ce chapitre. Vous réviserez certainement votre position.

De nature grégaire, le lapin adore la présence des adultes et des enfants. Considéré comme un membre à part entière de la famille, il s'adaptera facilement à votre rythme de vie. Il apprendra que vous partez le matin et que vous revenez le soir. Rien de dramatique : petit lapin fera la sieste pendant la journée et la fête, le soir ! Sachez qu'il aime écouter la télévision sur les genoux de son maître et accueillir les visiteurs à la porte. Le soir, il s'endort aux côtés des enfants, après avoir, lui aussi, écouté la lecture de l'histoire…

Rappelez-vous que, pour lui, vous êtes un prédateur potentiel. Vous devez lui prouver qu'il ne court aucun danger en votre compagnie. Respectez-le et considérez-le comme un être très précieux. Même si tenir un lapin par la peau du cou est une contention sécuritaire, ce n'est pas acceptable pour votre protégé. Qui oserait tenir son chat par la peau du cou ? Alors, pourquoi le faire avec son lapin ? Prenez aussi le temps de bien l'éduquer. Soyez patient et vous serez surpris de voir votre ami aux longues oreilles vous taquiner, quémander des caresses, jouer à cache-cache avec vous ou tout simplement venir se coucher près de vous pour vous consoler lorsqu'il vous sentira malheureux.

LA ZOOTHÉRAPIE

On utilise beaucoup le lapin en zoothérapie. Il égaie les malades et oblige les personnes âgées à bouger leurs doigts rongés par l'arthrite. À l'occasion, il peut même servir d'intermédiaire entre un enfant autiste et le monde qui l'entoure.

Des études ont démontré que caresser un animal diminue le stress et normalise souvent une tension artérielle trop élevée, en plus de procurer une agréable sensation de bien-être.

Si votre lapin est un petit ange et que vous avez du temps et sa présence à offrir, n'hésitez pas! Faites des heureux.

LE LAPIN ET LA VIE QUOTIDIENNE

À l'école

Monsieur Lapin ne va pas à l'école pour apprendre des choses, mais plutôt pour enseigner aux enfants le respect des animaux, la discipline et l'engagement. Un bon professeur profitera de la présence de l'animal pour responsabiliser ses élèves, qui devront à tour de rôle s'occuper adéquatement de ce nouvel élève aux longues oreilles.

À Pâques

N'offrez pas à votre enfant un petit lapin dans le seul but de l'amuser le matin de Pâques. Trop d'animaux donnés à cette occasion sont abandonnés ensuite à la Société protectrice des animaux (SPCA) ou dans les refuges parce qu'ils ont grandi et sont devenus embarrassants et moins attrayants. À la place, achetez-lui plutôt un lapin en peluche qui ne souffrira pas de l'abandon de votre enfant.

À l'Halloween

Une fois par année, Monsieur Lapin voit son territoire envahi par de drôles de petits monstres. Ils sonnent à la porte pour obtenir des gâteries. Ça sent bon le chocolat et les bonbons! Mais ce n'est pas pour votre lapin. Il devra se contenter de regarder déambuler les fantômes et les sorcières en grignotant un bon morceau de citrouille. Il s'évitera ainsi bien des maux de ventre.

À Noël

En décembre pousse dans la maison un beau sapin décoré de lumières et surtout… de fils électriques, ce qui le rend tout à fait irrésistible pour votre lapin. Redoublez de vigilance au temps des fêtes afin d'éviter qu'il ne s'électrocute ou qu'il ne mâchouille les branches non comestibles. Quant à vos cadeaux, ils risquent de passer un mauvais quart d'heure. Peut-être fera-t-il comme Kiki, un de mes patients, qui s'amuse à tirer sur les rubans, à déchirer les papiers et à pousser les boîtes avec son nez. Sa maîtresse, patiente, a dû remballer les cadeaux à quelques reprises avant la nuit de Noël.

En hiver

N'ayez crainte, vous pouvez laisser trotter votre lapin dans la neige, il s'y amusera à coup sûr. Le lapin est aussi résistant au froid que le chat et aime prendre l'air lors de belles journées hivernales. S'il fait trop froid, rien de mieux que de le laisser se prélasser près du foyer. Demain, la température sera plus clémente…

ADOPTER UN LAPIN

Adopter un animal suppose faire un choix judicieux afin que l'animal convienne au style de vie et à la personnalité du maître. Il faut aussi être en mesure de lui offrir les soins requis. Ainsi, il serait bien mal venu de garder un grand Danois dans un petit appartement au dixième étage d'un immeuble du centre-ville !

Pour ceux qui désirent un animal affectueux, vif d'esprit et calme, le lapin est un choix tout indiqué. En plus de sa personnalité attachante, il aime se faire caresser, adore jouer avec les enfants et se contente de s'amuser avec ses jouets lorsqu'il est seul. Il est possible de l'entraîner à faire ses besoins dans une litière, habitude non négligeable. Il n'a pas besoin de longues promenades à l'extérieur : la liberté surveillée dans la maison lui convient amplement. Il sera donc tout aussi heureux en ville qu'à la campagne.

Que de qualités ! Il doit bien avoir aussi quelques défauts... Le plus important fait partie de sa nature même : il aime ronger. Il faut donc superviser de près ses sorties, car il peut expérimenter l'efficacité de ses dents sur les fils électriques, les boiseries, les sofas et les souliers. De plus, il est possible que Jeannot Lapin ait de la difficulté à comprendre qu'il doit faire ses besoins seulement dans sa litière. Il perd aussi ses poils un peu toute l'année et, de façon plus marquée, lors de ses mues. N'oubliez pas non plus que la petite boule de poil qui tient aujourd'hui dans le creux de votre main grandira ! Mais réjouissez-vous, car il grandira en beauté et en sagesse, et vous tiendra compagnie pour les 10 à 12 années à venir.

Choisir son lapin

Mâle ou femelle, le lapin est un excellent animal de compagnie, tout dépend de la personnalité de chacun. La très grande majorité a très bon caractère. Cependant, quelques individus développent une soudaine agressivité à l'âge de la puberté (vers six mois environ). Ce trait de caractère, le plus souvent observé chez les femelles, est d'autant plus insidieux que, bien souvent, ces animaux étaient très doux en bas âge. La stérilisation et l'éducation (voir chapitres VI et VII) peuvent parfois remédier au problème, mais quelquefois le « mal » est incurable.

En adoptant un lapin adulte à la personnalité déjà formée, vous saurez à quoi vous en tenir. Si votre choix s'arrête sur un bébé lapin, soyez conscient que son éducation et son entraînement à la propreté nécessiteront un plus grand investissement de temps et d'énergie. Que voulez-vous, les jeunes ont l'esprit plus volage !

Critères pour bien choisir un lapin

1. Observation à distance : un lapin en santé est alerte et éveillé. Son nez bouge constamment, sauf lorsqu'il est au repos. Un lapin malade a tendance à se tenir à l'écart du groupe et sera anormalement calme.

2. Évaluation du caractère : lorsque vous approchez un lapin, il doit montrer un certain intérêt et sa curiosité le pousse à venir à votre rencontre. Première étape : présentez-lui votre main : s'il la mordille, ne l'achetez pas. S'il vous lèche, vous sent longuement ou se frotte le menton sur vous, c'est un excellent sujet. Étape suivante : prenez-le dans vos bras. Il doit être alerte, mais calme. Le lapin qui panique et qui rue avec ses pattes de derrière démontre déjà un tempérament fort qui pourrait empirer avec le temps.

3. Examen de la condition physique : un lapin en bonne santé a un pelage lustré et fourni, sans zone dégarnie ni pellicules (souvent un signe de parasite). Il ne doit pas sentir mauvais. Les yeux et le nez ne doivent en aucun temps être souillés par des sécrétions. Les oreilles sont propres et exemptes de croûtes. Les dents blanches sont bien alignées. Aucune salive ne doit souiller le menton. La région anale doit être impeccable.

4. Détermination du sexe : voir chapitre VII.

Remarques

Pour vous aider à déterminer si le jeune lapin que vous adoptez restera petit — 1 à 1,5 kg (2 à 3 lb) à l'âge adulte —, il doit présenter les caractéristiques des lapins nains :

- corps court et trapu ;
- pattes courtes et fines ;
- tête plutôt ronde, grands yeux légèrement proéminents — un crâne allongé n'est pas caractéristique du lapin nain pur race ;
- oreilles très courtes.

Derniers conseils

Vous êtes maintenant en mesure de bien choisir votre lapin. Pensez à bien choisir son futur maître ! Désirez-vous vraiment un lapin ou l'achetez-vous seulement pour céder à un caprice d'enfant ? Avant d'offrir un lapin en cadeau à un enfant, il est bon de considérer les points suivants.

- Un enfant très jeune ne peut pas être seul responsable du lapin. Ses parents, son grand frère ou sa grande sœur devront l'aider dans l'exécution des tâches : entretien de la cage, éducation de l'animal, etc.
- Demandez à l'enfant de vous décrire exactement la sorte de lapin qu'il désire. S'il aime un lapin aux oreilles pendantes et que vous lui achetez un lapin aux oreilles droites, il pourrait être déçu.
- L'enfant doit aussi comprendre que le lapin est un excellent compagnon de jeu, mais qu'il n'est pas un jouet. Il a parfois besoin d'intimité et de tranquillité. Le respect de ce petit être vivant est très important.
- Le lapin n'est pas un bon animal de compagnie pour les enfants qui sont turbulents et brusques. Il s'entendra cependant à merveille avec un enfant attentionné, calme et suffisamment mature pour pouvoir le manipuler de façon adéquate et sûre.

Où se procurer un lapin ?

Dans une animalerie

Dans une animalerie, la majorité des lapins est issue de croisements. Il est alors difficile de prédire avec exactitude quelle sera la taille à l'âge adulte de l'animal choisi, les parents étant inconnus. N'hésitez pas à faire part de vos demandes spéciales. S'il n'y a pas en magasin l'espèce de lapin que vous cherchez, le propriétaire, qui fait parfois affaire avec les éleveurs, pourra fort probablement vous le procurer. S'il est sérieux, il n'hésitera pas non plus à vous offrir une garantie de santé. Il vous recommandera aussi de le faire examiner par votre vétérinaire. De votre côté, avant d'acheter, assurez-vous que le commerce est propre et que les animaux ne sont pas entassés dans des petites cages.

Chez un éleveur

Vous pouvez acheter votre lapin directement chez un éleveur, comme pour un chien ou un chat. Ainsi, il vous est possible de voir les parents de votre futur lapin et estimer plus facilement sa taille adulte. Un désavantage : le manque de choix. En effet, chaque éleveur se spécialise souvent seulement dans la reproduction d'une ou de deux races. De plus, un lapin de race pure coûte plus cher que son cousin croisé. Il est sage de faire examiner votre nouveau protégé par votre vétérinaire et de demander une garantie de santé à l'éleveur.

Dans un refuge d'animaux

Beaucoup de propriétaires de lapins abandonnent leur animal, car ils n'avaient pas bien évalué la responsabilité qu'impliquait leur garde. Ces lapins sont pour la grande majorité d'excellents sujets. Vous aussi réfléchissez bien avant d'en adopter un. De plus, avant de prendre la décision d'accoupler votre lapine, assurez-vous de placer tous les futurs lapereaux afin qu'ils n'aillent pas grossir la population des refuges…

D'un ami

Si la lapine de votre voisin vient de mettre bas, l'envie d'adopter l'un de ses petits peut devenir irrésistible. À noter : il faut bien examiner les lapins adoptés d'un ami fermier, surtout s'ils vivaient à l'extérieur en contact avec d'autres animaux. Ils pourraient bien rapporter avec eux des puces, des mites d'oreilles ou des parasites intestinaux.

Pensez à consulter le tableau d'affichage d'une clinique vétérinaire. Il y a souvent des annonces de lapins à donner.

Allergies

Avant d'adopter un lapin, assurez-vous de ne pas être allergique au lapin. La seule et unique façon de le savoir avec exactitude est de passer un test dermique chez un allergologue. Une personne allergique au chat ne l'est pas nécessairement au lapin. Et si vous êtes allergique au lapin et au chat, vous ne l'êtes peut-être pas au chien. Seul le résultat du test dermique vous renseignera de façon adéquate.

LE LAPIN ET SES AMIS

Quoi de plus précieux qu'une amitié sincère ? Encore faut-il bien choisir ses fréquentations, surtout lorsque les amis sont non conventionnels…

Mon ami, le chien

Si les gros chiens considèrent le lapin comme une proie intéressante, les plus petits voient en lui un rival potentiel. Jalousie et mépris s'installent. Mais une complicité saine est possible entre un chien et un lapin. Il faut avant tout superviser les présentations et ne pas brusquer la nature.

Mon ami, le chat

D'un point de vue rationnel, le chat et le lapin ne devraient jamais bien s'entendre. L'instinct chasseur du félin stresse constamment le lapin qui se tient sur ses gardes. De plus, le chat peut, avec ses griffes pointues, lui infliger facilement des blessures. Toutefois, plusieurs chats et lapins bâtissent une solide amitié, allant même jusqu'à dormir ensemble et à se toiletter mutuellement. La meilleure solution est d'adopter un chaton et un jeune lapin en même temps. Les premiers contacts doivent avoir lieu sous surveillance, car le chaton pourrait être un peu rude dans sa façon de jouer. Il existe cependant des cas désespérés! Un bon vieux matou délinquant qui adore chasser se fera un plaisir d'ajouter un nouveau trophée à son palmarès. Ne vous fiez pas à son air désintéressé. Sachez qu'il a une patience à toute épreuve et qu'il n'attend qu'un moment d'inattention de votre part pour croquer ce joli lapin.

Mon ami, le furet

Il est utopique de dire «mon ami, le furet». On ne devrait jamais mettre un furet en présence d'un lapin. L'instinct tueur du furet est sans appel. Inutile de tenter l'expérience. À noter: un lapin vivant dans la même pièce qu'un furet — cages séparées, bien sûr!—, subit un stress constant.

Mon ami, le cochon d'Inde

Quelle belle association! Le lapin et le cochon d'Inde cohabitent normalement très bien. Cependant, certains lapins peuvent être porteurs asymptomatiques de la bactérie *Bordetella bronchiseptica,* qui cause des infections respiratoires assez sévères chez le cochon d'Inde. Soyez vigilant et consultez rapidement un vétérinaire si votre cochon d'Inde présente des symptômes de grippe.

Mon ami, le chinchilla

Bonne complicité en ce qui concerne le caractère, mais mauvais choix en ce qui concerne le mode de vie! Le lapin est généralement actif le jour et dort la nuit. Le chinchilla est pour sa part actif la nuit: il sautille partout, s'amuse et vocalise. C'est assez épuisant pour le lapin qui essaie de dormir. La solution: chacun vit dans sa cage et ils se visitent à l'occasion.

Mes amis, les petits rongeurs

Rat, souris, hamster, gerbille et dégu n'ont que peu d'intérêt envers le lapin et l'inverse est aussi vrai. Les rencontres pourraient se solder par des morsures douloureuses.

Mes amis, les oiseaux

Il est fort agréable pour le lapin de se réveiller au son du chant d'un canari ou d'un pinson. Mais la quantité de décibels générés par un perroquet irrite considérablement les longues oreilles de votre lapin. Tenez-en compte en choisissant les emplacements de leurs cages respectives.

Mon ami, le lapin

En raison de sa nature grégaire, le lapin sera fort heureux de vivre avec l'un des siens. Cependant, chaque lapin possède sa personnalité propre. Certains couples ne fonctionneront peut-être jamais, mais lorsque l'entente est au beau fixe, deux lapins retirent énormément de plaisir à vivre ensemble. Le toilettage mutuel est excellent pour le moral, et fini l'ennui quand vous quittez la maison! Un lapin âgé ayant de la difficulté à se toiletter appréciera la présence d'un copain plus jeune qui l'aidera dans cette tâche.

Le candidat

Le degré de difficulté lors de la présentation des lapins varie en fonction du sexe, de l'âge et du tempérament de chaque individu. La rencontre devrait être facile si les deux lapins sont de sexe opposé et stérilisés. Dans le cas d'individus de même sexe, choisissez de préférence deux femelles, car elles s'entendent beaucoup mieux que deux mâles. Il est cependant impossible de faire cohabiter deux mâles non castrés, car ils se bagarreront violemment. S'ils sont stérilisés, la situation n'est pas désespérée mais ardue. Si vous n'aimez pas vous compliquer la vie, l'idéal est de choisir un couple de jeunes lapins. Quel que soit le sexe, la rencontre se soldera par une entente parfaite. N'oubliez surtout pas de les faire stériliser le moment venu.

La présentation d'un jeune ami à un lapin adulte devrait aussi bien se passer, surtout si l'adulte est un bon vivant.

Dans le cas d'un ménage à trois, ce n'est pas évident! Introduire un nouveau venu dans un couple déjà formé est difficile, bien que pas impossible. Le troisième lapin est souvent rejeté. Avec de la patience et de la persévérance, vous réussirez peut-être... Ne soyez pas trop déçu en cas d'échec.

L'heure des présentations

Les conflits générés par la rencontre de deux nouveaux lapins sont principalement dus à leur fort instinct territorial et à la hiérarchie à établir entre eux. La première règle dans le processus de présentation est de toujours faire stériliser les lapins destinés à vivre ensemble. Les hormones sexuelles jouent un grand rôle dans le comportement de territorialité. Mais attention! Ne vous réjouissez pas trop vite. La stérilisation n'élimine pas totalement ce comportement. Il vous faudra ruser!

Deuxième règle: utilisez un territoire neutre lors des premières rencontres, soit la banquette d'une automobile ou la maison de votre voisin ou encore une pièce de votre maison inconnue des deux lapins. Tout le rituel doit se faire graduellement. Consacrez au moins 15 minutes par jour aux lapins. Commencez en allant chercher votre lapin dans sa cage. Puis allez chercher le nouveau lapin qui se trouve dans une autre pièce. Parlez-leur doucement en les amenant à l'endroit choisi. Laissez-les interagir. Bien entendu, il est plus facile de présenter deux lapins que vous venez d'adopter plutôt que d'amener un nouvel ami à votre lapin. Ce dernier a en effet depuis longtemps établi son territoire dans votre maison et décidé que vous étiez sa possession. Il est aussi moins compliqué d'introduire une femelle dans la maison où vit un mâle que l'inverse.

Lorsque les deux lapins ne démontrent plus d'agressivité l'un envers l'autre dans l'espace neutre, ramenez-les à la maison ou dans la pièce principale et surveillez-les. Si nécessaire, vaporisez de l'eau pour calmer leurs ardeurs. Après quelques jours de calme plat, la partie est gagnée.

LE LANGAGE CORPOREL DU LAPIN

Une vie de lapin

Une autre belle journée commence. Le soleil brille et Jeannot Lapin attend patiemment que Marie se lève et vienne ouvrir la porte de sa cage. La voilà enfin! Pour remercier Marie, Jeannot court rapidement autour d'elle. Marie lui caresse la tête en guise de bonjour et lui, tout heureux, lèche sa main pour lui rendre la politesse. Marie prépare ensuite son petit déjeuner. Jeannot, gourmand, s'assoit près d'elle et fait le beau. Quelle façon délicate et polie de quémander son repas.

Repu, Jeannot peut commencer sa journée. Il a beaucoup à faire. Il doit inspecter la maison pour s'assurer que tout est resté à la même place pendant la nuit et qu'aucun étranger ne s'est introduit dans son domaine. Il en profite aussi pour frotter ses objets familiers et favoris avec son menton afin de reconfirmer qu'ils lui appartiennent vraiment. Même Marie fait partie du rituel. Une fois la tournée de reconnaissance terminée, Jeannot considère son territoire comme un lieu sûr.

C'est le temps d'une petite sieste. Il s'étend de tout son long, les pattes de derrière étirées. Ses yeux sont mi-clos et ses oreilles collées contre son corps: c'est la détente et le bonheur suprême! Puis Jeannot profite de l'inattention de Marie pour manger le tapis tant convoité. Peu de temps après, il a le dos rond, les yeux mi-clos et il grince bruyamment des dents. Jeannot a mal au ventre. Marie comprend vite lorsqu'elle aperçoit le tapis rongé. Marie lui administre une pâte laxative et le remet dans sa cage. La frustration est grande. Jeannot tape violemment du pied au fond de sa cage pour signifier son indignation à la terre entière. Finalement, il se couche, le nez dans le coin de la cage et les oreilles rabattues. Il broie du noir.

L'après-midi passe lentement, tout comme ses coliques et ses frustrations. Puis le coin de sa cage n'étant plus aussi attrayant, il relève une de ses oreilles. Ses yeux sont mi-clos : il feint de somnoler. Malgré son air désinvolte, Jeannot est à l'affût du moindre son. Sa patience est récompensée. Marie arrive. Jeannot fait le beau dans sa cage pour la supplier de le laisser sortir. Ça fonctionne ! Il démontre sa joie en galopant et en faisant des bonds, tous plus acrobatiques les uns que les autres. Finalement, il s'assoit sur les genoux de Marie et quémande des caresses en poussant son museau contre sa main. Il ferme légèrement les yeux et grince doucement des dents : c'est sa façon de remercier Marie.

Pour renforcer le lien d'affection qui les unit, Marie a appris à parler « lapin ». Elle lui caresse souvent la tête avec son menton. Jeannot comprend ainsi que Marie l'aime beaucoup et qu'elle l'identifie comme quelqu'un de très précieux. À l'occasion, elle pose aussi son nez sur celui de Jeannot, comme le ferait un autre lapin pour le saluer. Elle lui caresse la tête avec ses doigts, tout juste à la base de ses oreilles, exactement là où un autre lapin le lécherait en signe d'affection. Jeannot est comblé.

Mon lapin est-il aphone ?

Certainement pas ! Comme nous venons de le constater, il possède déjà un vocabulaire corporel bien élaboré. Pourquoi se forcerait-il à produire des sons ? Le lapin réserve sa voix pour les situations extrêmes : il peut grogner quand il se fâche ou pousser un cri aigu et strident lorsqu'il est en grande détresse ou en situation extrême de danger ou de douleur.

Deux traits de caractère

La méfiance

Votre nouveau lapin se sauve à votre arrivée. Ou bien lorsque vous avez réussi à l'attraper pour le caresser, il panique et cherche à se défaire de votre emprise. Pourquoi agit-il ainsi ? La réponse est simple. Le lapin est une proie naturelle. Il se sent en sécurité au sol et vulnérable lorsqu'on le soulève de terre. Si, par surcroît, vous l'avez pourchassé avant de le prendre dans vos bras, ce pauvre petit lapin croira que vous — le prédateur — voulez le manger !

Ne retenez jamais un lapin contre son gré. Pour l'apprivoiser, couchez-vous par terre à sa hauteur et laissez-le venir vers vous. Récompensez-le avec une gâterie lorsqu'il s'approche et vous gagnerez rapidement sa confiance. Soyez patient. La curiosité du lapin l'emportera toujours…

L'agressivité

Mon lapin « pit-bull »…

Étrangement, il existe des lapins de type « pit-bull ». Il n'est pas question ici du lapin qui mordille ou qui grogne pour défendre son territoire, mais de l'individu qui mord fort et qui se rue sur vous avec l'intention d'attaquer. Rassurez-vous, ces cas sont rares. Pour y faire face adéquatement, il est important de connaître certaines réalités.

- La majorité des lapins agressifs ont un problème de comportement acquis plutôt qu'un vice génétique.
- Le lapin agressif ne vous hait pas nécessairement. Son extrême agressivité est probablement due à sa crainte des humains et à sa peur d'être blessé. Peut-être a-t-il déjà été battu ou bien il n'a pas eu suffisamment de contacts humains agréables — par exemple, un lapin venant d'un laboratoire.

Vous seul pouvez trouver la solution. Par votre attitude positive, vous réussirez peut-être à changer ce « pit-bull » en doux petit caniche. Le lapin ne décide pas spontanément de redevenir gentil, mais en lui faisant comprendre que son environnement est sans danger et agréable, et qu'il peut vous faire confiance, vous aurez franchi un grand pas vers l'amélioration.

Évitez absolument les punitions corporelles. Les petites tapes ne servent qu'à augmenter l'agressivité du lapin et à détruire tout lien affectif avec vous. On ne répond pas à la violence par la violence. Que faire alors? La solution est complexe mais valorisante. Investissez du temps, de la patience et de l'amour, et essayez de gagner le cœur de votre lapin récalcitrant.

En premier lieu, faites-le stériliser le plus rapidement possible. Ensuite, portez des chaussures et des pantalons épais quand vous êtes en sa compagnie. S'il vous attaque, vous ne sursauterez pas et ne l'effraierez pas davantage. Puis, étudiez-le attentivement et essayez de déterminer précisément ce qui l'agresse: par exemple, marcher près de lui, passer l'aspirateur, toucher à ses gamelles, etc. Une fois ces situations bien identifiées, évitez de les recréer. Il réalisera ainsi que vous ne voulez pas le provoquer.

Il reste maintenant à lui offrir beaucoup d'attention et d'affection. Ne vous formalisez pas de ses écarts de comportement. Le but de tout cela est de faire comprendre au lapin que, malgré ses élans agressifs, il n'obtiendra de vous que douceur et affection. Quand il court vers vous et mord votre chaussure, restez de marbre. Parlez-lui doucement. Dites-lui qu'il ne vous fait pas peur et que vous l'aimez malgré tout. Après plusieurs semaines de travail et de persévérance, le lapin, dérouté de voir tant d'affection et d'amour en réponse à ses attaques, révisera probablement sa vision négative du monde, et son agressivité sera ainsi désamorcée.

Malheureusement, certains cas sont irrécupérables. L'euthanasie reste la dernière solution. Discutez-en avec votre vétérinaire.

Mon lapin macho…

Il est bien sûr désagréable de se faire mordiller ou pincer par votre lapin. Ce comportement n'est pas de l'agressivité pure, mais plutôt l'expression d'un trait de caractère macho, autant chez le mâle que chez la femelle.

Voici quelques situations typiques.

- Vous présentez votre main à un lapin et il vous frappe avec ses pattes avant en grognant. Ce lapin a une attitude dominante. Pressez votre main sur sa tête jusqu'à ce qu'elle touche le sol. Vous lui indiquerez ainsi que c'est vous le « lapin dominant » de la maison. Rappelez-vous que le lapin ne voit pas très bien en avant de son nez. Ne présentez donc pas votre main à cet endroit lors des premières rencontres, cela pourrait le rendre nerveux. Abordez-le en plaçant votre main au-dessus de sa tête, loin de son nez.

- Votre lapin tourne autour de vous énergiquement. Jusque-là, rien d'alarmant. Il vous exprime simplement son affection et son plaisir. Cependant, si la petite course se termine par des mordillements sur votre jambe et qu'il la monte comme une femelle, il exprime sa frustration sexuelle. La stérilisation est la solution.

- Votre divan ou votre tapis sont le centre d'intérêt principal de votre lapin et il ne pense qu'à les ronger. Quand vous lui indiquez qu'il ne doit pas agir ainsi, il vous pince la main avec ses dents. Poussez un petit cri pour lui faire comprendre qu'il vous a blessé et pressez votre main sur sa tête pour qu'elle touche le sol. Il comprendra qu'il a mal agi. La prochaine fois, il poussera simplement votre main avec son museau ou s'en ira vaquer à d'autres occupations.

- Le lapin trop gourmand et impatient de recevoir sa nourriture a tendance à mordre la main qui le nourrit. N'exprimez pas d'hésitation en plaçant le bol de nourriture dans la cage. Le lapin interprète cette hésitation comme de la provocation. Quand vous nourrissez votre lapin à la main, pensez à lui offrir de gros morceaux. Si les morceaux sont trop petits, il ne fera peut-être pas la différence entre vos doigts et la nourriture appétissante.

- Le lapin qui vous mord quand il est dans sa cage revendique son territoire. Ne le défiez pas. Laissez-le toujours sortir tout seul et nettoyez sa cage en son absence. Pour désamorcer ce comportement, il suffit que le lapin associe la main à une caresse plutôt qu'à une manœuvre de contention ou d'intrusion. Placez votre main au-dessus de sa tête, caressez-le doucement et dites-lui combien il est gentil. Répétez l'exercice aussi longtemps que nécessaire.

• Si, dans la hiérarchie des occupants de la maison, le lapin s'est identifié comme étant le numéro un, il revendiquera les droits et les privilèges qui y sont associés. L'usage exclusif du divan faisant aussi partie de ces privilèges, si vous y prenez place, cela pourrait déplaire à Sa Majesté le lapin. En sautant près de vous, il viendra intentionnellement vous pincer la cuisse. À vous maintenant de faire comprendre à ce cher lapin imbu de lui-même d'être un peu plus modeste! Remettez-le par terre en prononçant un non catégorique. S'il revient et qu'il se tient tranquille, cela signifie qu'il a compris. Si au contraire il vous mord une seconde fois, répétez l'exercice. S'il pousse l'audace jusqu'à vous mordre une troisième fois, mettez-le quelques minutes dans sa cage, il finira par comprendre.

Certains lapins ont aussi la fâcheuse habitude d'uriner sur le lit, le fauteuil ou les objets appartenant aux individus qu'ils considèrent comme leurs subordonnés. En contrôlant l'accès à ces endroits — fermer la porte de la chambre, recouvrir le fauteuil avec un matériel désagréable comme du plastique, etc. —, le lapin comprendra probablement que l'humain est le dominant.

Malgré tous les exemples démontrant que votre lapin peut mordre par agressivité ou vice de comportement, il se peut qu'il vous morde très innocemment, tout simplement pour vous dire: «N'arrête pas de me caresser!» Poussez seulement un petit cri pour lui faire comprendre qu'il vous a blessé et il ne recommencera plus. La prochaine fois, il ira probablement chercher votre main avec son museau.

Finalement, le plus doux des lapins peut infliger des morsures à son maître en cas de douleur extrême, par exemple en cas de patte fracturée. Dans ce cas, conduisez-le rapidement chez le vétérinaire.

CHAPITRE IV

Environnement et conditions de captivité

Que se passe-t-il ? Aucune lampe ne s'allume, la télévision et la radio ne fonctionnent plus… Ne cherchez plus. Le responsable a fort probablement de longues oreilles et de belles dents tranchantes. Gageons en plus que votre demeure n'est pas à l'épreuve des lapins! Si vous êtes chanceux, votre petit lapin délinquant ne s'est ni électrocuté ni brûlé lors de sa séance de coupage de fils. Malheureusement, chaque année, des décès sont dus à ce type d'activités.

ENVIRONNEMENT

Premiers conseils

Il est important de rendre votre demeure sécuritaire.

- Premièrement, vous devez rendre les fils électriques inaccessibles en les surélevant, en les cachant derrière le sofa ou en les faisant passer sous le tapis. Enlevez tout ce qui n'est pas réellement nécessaire. Vous pouvez aussi insérer les fils dans un tube en plastique rigide.
- Deuxièmement, placez les plantes d'intérieur hors de la portée de votre lapin. Plusieurs d'entre elles sont toxiques. Pour combler sa gourmandise, faites pousser du persil, il s'en régalera en toute sécurité.
- Troisièmement, si les boiseries, les coins de mur ou les bas de portes l'attirent irrésistiblement, recouvrez-les de plastique rigide.
- Quatrièmement, surveillez votre beau tapis persan. Il se pourrait que votre lapin lui donne une toute nouvelle allure en tirant sur les

Rex, castor

Rex, castor

Rex, castor
Nouvelle-Zélande croisé, bleu

Nouvelle-Zélande croisé, bleu

Nouvelle-Zélande croisé, bleu
Blanc de Hotot nain

Blanc de Hotot nain

Blanc de Hotot nain
Hollandais, noir

Hollandais, noir

fibres. Il créera peut-être une nouvelle mode ou il sera tout simplement affligé d'un gros mal de ventre…

Emplacement de la cage

Installez la cage de votre ami dans le salon, la salle de séjour ou la cuisine. Ces pièces animées lui plairont et il se sentira intégré à la famille. Évitez la proximité des portes en raison des courants d'air et des changements brusques de température. Un lapin peut supporter une température stable allant de 4 °C à 27 °C, s'il a eu la chance de s'y adapter graduellement. Un taux d'humidité entre 30 % et 50 % lui convient. Dites-vous que si la température est agréable pour vous, elle l'est aussi pour votre animal. Le lapin supporte beaucoup plus facilement les températures fraîches que les grandes chaleurs. En été, si votre maison n'est pas climatisée, déménagez la cage à l'endroit le plus frais. Par grande canicule, mouillez les oreilles du lapin avec de l'eau fraîche. Une bouteille d'eau glacée enveloppée dans une serviette et déposée dans la cage lui procurera une source de fraîcheur. Lorsqu'il fait très chaud, le lapin mange moins, boit beaucoup plus et est plus tranquille. C'est normal!

Quartiers extérieurs

Si vous avez un chalet à la campagne, pourquoi votre lapin n'en aurait-il pas un dans votre cour? Première chose à faire: protéger ses quartiers extérieurs pour qu'il ne soit pas en danger. N'oubliez pas qu'un lapin peut creuser rapidement et efficacement un terrier et s'échapper d'un enclos dépourvu de fond grillagé.

L'emplacement de la cage ou de l'enclos est aussi primordial: ne l'installez jamais au grand soleil, le lapin étant sensible aux coups de chaleur. L'endroit idéal est à l'ombre, sous un arbre ou dans un abri. Ne laissez pas votre lapin dehors par temps orageux. De plus, ayez-le toujours à l'œil, car les prédateurs (chien, chat, belette, raton laveur, etc.)

sont nombreux et actifs surtout la nuit. Ne permettez pas à votre lapin de découcher. Un autre danger guette le lapin qui aime l'extérieur : l'ingestion de verdure (gazon, trèfle, pissenlit) traitée aux pesticides. Ces produits chimiques sont très toxiques. Prévenez tout contact !

Mon lapin enfin libre

« Je ne peux plus garder mon lapin. Je vais lui rendre sa liberté et le laisser dans la nature. Il sera certainement plus heureux. » Une telle affirmation est fausse. Abandonner son lapin dans la nature, c'est en quelque sorte signer son arrêt de mort. Le lapin domestique est le fruit de croisements contrôlés par les humains. Ils ont sélectionné des caractéristiques qui ne sont plus compatibles avec la vie sauvage : pelage aux couleurs inadéquates pour un camouflage efficace, perte de la crainte des humains et des prédateurs potentiels. De plus, le lapin domestique ne peut pas reconnaître les plantes toxiques. S'il peut survivre quelque temps dans la nature en été, il mourra assurément l'hiver venu.

CONDITIONS DE CAPTIVITÉ

En aménageant l'espace vital de votre lapin, vous devez avoir comme objectif de lui offrir une bonne qualité de vie et de rendre ses quartiers confortables, sécuritaires et attrayants.

La cage

La cage idéale doit être spacieuse et réconfortante. Après tout, c'est l'endroit intime et le territoire personnel de votre lapin. Les dimensions minimum recommandées sont 1,5 m x 1m x 1,5 m (60 po x 40 po x 60 po). Bien entendu, il n'est pas interdit de lui offrir plus grand !

Aquarium en verre

Cette cage n'est pas idéale, car la ventilation y est inadéquate. Le système respiratoire du lapin est fragile et les vapeurs d'urine pourraient lui nuire. La température à l'intérieur de l'aquarium peut grimper de façon marquée si la température extérieure est chaude et humide.

Cage d'élevage grillagée

La cage d'élevage n'est pas adaptée pour le lapin de maison. Souvent, elle est trop petite et inhospitalière. En outre, le fond grillagé peut irriter les pattes de certains individus.

Cage avec base en plastique et dessus grillagé

Il est question ici de la cage à lapin vendue en animalerie. C'est un excellent choix. Elle est facile à désinfecter et pas trop encombrante. Elle est disponible en plusieurs grandeurs : on en trouve même à deux étages!

Cage artisanale

Si vous avez l'âme d'un bricoleur, vous pouvez construire vous-même le condo de votre lapin. Souvenez-vous toutefois que le lapin aime ronger : évitez la cage toute en bois!

Pièce de la maison

Un lapin ayant le privilège de vivre en liberté dans une pièce est bien chanceux. À la place de la porte, on peut installer une barrière d'enfant. Ainsi, le lapin restera en contact constant avec les occupants de la maison.

Le fond de cage ou la litière

Vous trouverez dans le commerce une multitude de produits destinés à être étendus au fond de la cage de votre lapin. Cependant, il n'existe aucun produit miracle qui élimine totalement les odeurs et qui diminue la fréquence de nettoyage de la cage.

Copeaux de bois

Évitez à tout prix les copeaux parfumés au cèdre. Ces essences sont irritantes pour le système respiratoire et peuvent causer des problèmes au foie. Toutefois, les copeaux en bois blanc inodores constituent un bon choix.

Maïs concassé ou corn-cob

C'est un bon choix si un grillage empêche le lapin de toucher au maïs. Mais certains lapins développent des problèmes aux pattes lorsqu'ils marchent en permanence sur un grillage. Le maïs concassé ressemblant à de la nourriture, le lapin peut en ingérer et souffrir d'un blocage intestinal. De plus, marcher sur ces petites boules dures est inconfortable. Utilisez ce produit avec grande prudence.

Paille et/ou foin

Ces matériaux sont très confortables. Il faut les changer fréquemment, car le lapin aime les manger.

Papier journal

Tous les papiers sont adéquats pour tapisser le fond des cages à condition que le lapin n'en ingère pas. Peu absorbants, il faut les changer fréquemment. Considération esthétique : un lapin blanc devient rapidement gris sur du papier journal!

Litière en papier recyclé et compressé

C'est un bon choix si on utilise un grillage.

Litière pour chats

On s'en sert seulement pour le bac dans lequel le lapin fait ses besoins, car ces granules ne sont pas confortables pour les pattes. À éviter à tout prix : la litière agglomérante. Si votre lapin en ingérait, elle formerait une boule semblable à du ciment dans son estomac.

Grillage

Utilisez le grillage avec prudence, car certains lapins développent des irritations plus ou moins graves aux pattes. Les très petits lapins peuvent se coincer dans les trous et se blesser.

Combinaisons

Utiliser plusieurs matériaux dans une même cage est la solution idéale. Exemples de combinaisons :

- Copeaux en bois au fond de la cage, serviette éponge pliée dans le coin repos et bac de plastique rempli de litière à chats (non agglomérante) dans le coin toilette.
- Copeaux de bois au fond de la cage et grillage par-dessus, planche de bois recouvrant la moitié du grillage et serviette éponge pliée dans le coin de la planche.

Amusez-vous à créer la maison de votre compagnon !

Accessoires

Voilà maintenant quelques petits accessoires pour embellir la cage de Jeannot Lapin.

Bol de nourriture et bouteille d'eau

Voir le chapitre V.

Bac à litière

Placez un petit bac en plastique rempli de litière pour chats ou de copeaux de bois là où le lapin préfère faire ses besoins. C'est un début d'entraînement à la propreté.

Panier de foin

On trouve dans les magasins des petits paniers grillagés que l'on suspend au grillage de la cage. Ils sont conçus pour recevoir le foin. Cela évite au lapin de souiller cette nourriture avec ses excréments.

Petit lit

Quelle belle attention que de lui offrir un coussin ou un lit en peluche! Assurez-vous cependant que l'accessoire est bien lavable à la machine. Une petite boîte en carton tapissée d'une serviette éponge rendra votre ami aux longues oreilles tout aussi heureux.

Jouets

Jouer est un besoin impératif et une bonne stimulation mentale. Le jeu lui permet de faire de l'exercice en sautant, en grimpant, en courant et en rongeant. Le lapin privé de jouets s'ennuie et peut devenir dépressif. Il peut aussi développer des comportements destructeurs excessifs. Si votre lapin renverse et change constamment de place les bols de nourriture et d'eau, il essaie peut-être de vous dire quelque chose…

Exemples de jouets :

- Sacs d'emballage en papier : il aime y entrer et s'amuse à les déchirer.
- Boîtes en carton : empilez-les en forme d'escalier. Votre lapin aura un plaisir fou à escalader cette pyramide. Une boîte assez grande lui servira de cachette. Remplie de foin ou de papier déchiqueté, c'est l'endroit idéal pour creuser. Il s'attaquera moins à vos tapis et à vos fauteuils.
- Rouleaux de papier de toilette ou d'essuie-tout vides.
- Panier en osier naturel : il aime s'y cacher et ronger.
- Vieux magazines et bottins : il adore les déchirer.
- Balles pour chats.

- Jouets de perroquets accrochés au grillage de la cage : mais attention aux petits morceaux.
- Jouets pour enfants en plastique.
- Animaux en peluche.
- Maisonnettes, condos et tunnels pour chats.
- Aire de jeux pour enfants avec glissoire.
- *Slinky* en plastique.
- Balai en paille.
- Serviettes.
- Bois non traité, bûche séchée. L'érable et le pommier sont de bons choix. Évitez le cerisier, le pêcher, l'abricotier, le prunier, le séquoia et les résineux.

Il est important de laisser en tout temps des petits jouets dans la cage. Les gros servent à aménager un coin dans la maison.

CHAPITRE V

Alimentation

Si votre lapin exécute ses plus belles courbettes pour vous séduire et obtenir un petit morceau de pain ou de chocolat, résistez! En effet, certaines gâteries alimentaires peuvent entraîner chez lui des troubles gastro-intestinaux. Souvenez-vous que le lapin est un végétarien herbivore. Il a besoin d'une alimentation équilibrée constituée de quatre éléments principaux:
- moulée riche en fibres;
- légumes frais;
- foin sec;
- eau fraîche.

L'important est de bien doser et de choisir judicieusement ces composantes.

MOULÉE

Pour vous aider à choisir votre moulée, voici les ingrédients principaux qu'elle doit contenir: beaucoup de fibres (15 % à 18 %), des protéines (14 % à 18 %) et un peu de calcium (1 % ou moins), la moyenne idéale étant 16 % de fibres et 16 % de protéines. On peut donner de la moulée à volonté à un lapin qui sait se contrôler. En revanche, il faut rationner le lapin gourmand et qui prend du poids facilement.

Ration pour un lapin ayant tendance à l'embonpoint	
Poids du lapin	Quantité de moulée
2,2 à 3,15 kg (5 à 7 lb)	60 à 125 g (¼ à ½ tasse)
3,6 à 4,5 kg (8 à 10 lb)	125 à 185 g (½ à ¾ tasse)
5 à 6,7 kg (11 à 15 lb)	185 à 250 g (¾ à 1 tasse)

Remarques

- Une alimentation composée uniquement de moulée n'est pas recommandée pour le lapin de maison.
- Certaines moulées comptent parmi leurs ingrédients des produits ou sous-produits d'origine animale — principalement du gras. Évitez à tout prix d'en acheter. Des études ont démontré que les lapins qui ingèrent du cholestérol (gras animal) sont sujets à développer des lésions d'artériosclérose et prédisposés à l'embonpoint. Lisez bien la liste des ingrédients avant de choisir une moulée.
- En raison de leur métabolisme élevé, les très petits lapins — moins de 1 kg (2 lb) à l'âge adulte — requièrent une alimentation un peu plus riche en énergie et à teneur réduite en fibres.
- Quand l'alimentation contient moins de 6 % de fibres, le lapin a généralement des diarrhées. En outre, lorsqu'il manque de fibres alimentaires, il a tendance à mâchouiller davantage son poil.
- Une alimentation déficiente en protéines diminue la fertilité des lapins reproducteurs et retarde la croissance des jeunes lapins.
- Pour les lapins obèses, il faut réduire la quantité de moulée au minimum et donner à volonté des légumes et du foin sec. Un taux de fibres élevé (18 % à 24 %) aide à prévenir l'embonpoint mais rend le goût de la moulée moins attrayant.
- La moulée doit être fraîche et sentir bon. Attention aux moulées vendues en vrac qui sont parfois de moindre qualité ou périmées.

Achetez votre moulée en petites quantités et dans son emballage d'origine sur lequel sera inscrite la date de péremption.

• Le lapin semble préférer une moulée courte et de gros diamètre.

• Certaines moulées ont été mélangées avec des graines, des céréales et des fruits ou des légumes séchés. Ne les utilisez pas comme aliment de base quotidien, mais plutôt comme gâterie occasionnelle.

• Si vous décidez d'offrir une nouvelle sorte de moulée à votre lapin, introduisez-la graduellement dans son alimentation afin de lui éviter un dérangement intestinal.

Légumes et fruits

Les légumes et les fruits doivent faire partie du régime alimentaire du lapin. Pour un adulte : 500 ml à 1 litre (2 à 4 tasses) de légumes et 50 ml (¼ tasse) de fruits par jour.

Remarques

• Introduisez les légumes et les fruits graduellement, un à la fois. Après une période d'adaptation d'environ une semaine, le lapin pourra à loisir profiter d'une alimentation variée. S'il y a intolérance (par exemple, les selles molles), retirez de l'alimentation le légume responsable. Heureusement, ce problème se manifeste très rarement.

• Nettoyez bien les légumes et les fruits afin d'éliminer toute trace de produits chimiques.

• Privilégiez les légumes foncés qui contiennent plus de vitamines et de nutriments.

• Idéalement, un lapin devrait manger au moins trois légumes différents chaque jour.

• Ne pensez pas que votre lapin aime les légumes fanés. La règle est simple : si le légume est bon pour vous, il l'est pour votre lapin.

Vous pouvez quand même lui donner certaines parties que vous ne mangez pas, par exemple les pelures de carottes, les tiges de brocoli, les tiges de persil, etc.

- Évitez de lui donner de l'avocat. Ce fruit est toxique pour plusieurs animaux. Quant aux pommes de terre, elles contiennent trop d'amidon et sont difficiles à digérer.
- Si votre lapin dédaigne les légumes que vous lui offrez, essayez de le surprendre en les lui présentant différemment : coupés en gros morceaux, râpés ou entiers. Il suffit de si peu parfois pour contenter un petit lapin capricieux !
- La laitue iceberg n'est pas toxique mais elle ne contient que très peu d'éléments nutritifs.

Légumes et verdures		
Asperge	Chou-fleur	Feuilles de pissenlit
Aubergine	Chou frisé	Laitue romaine
Basilic	Citrouille	Menthe
Brocoli	Courgette	Navet
Carotte	Courge d'été	Panais
Céleri	Coriandre	Persil
Chicorée	Endive	Piment vert
Chou	Épinard	Radicchio
Chou de Bruxelles	Escarole	Radis
Chou chinois	Feuilles de betterave	Trèfle

Fruits		
Ananas	Framboise	Poire
Banane	Melon	Pomme
Bleuet	Papaye	Prune
Fraise	Pêche	Raisin

Foin sec

Il est important que le lapin ait toujours du foin sec à manger. Les grosses fibres stimulent le péristaltisme (contractions de l'intestin) et aident à prévenir les désordres digestifs tels que des selles molles et l'accumulation de boules de poil dans l'estomac. Le foin de luzerne (alfalfa) contient beaucoup de calcium et peut entraîner des problèmes urinaires. On ne doit lui en donner qu'en très petite quantité. Il est préférable de lui offrir un foin composé de plusieurs graminées et de qualité irréprochable, toute moisissure ou poussière excessive pouvant affecter la santé de votre lapin. On peut aussi lui donner occasionnellement des cubes de luzerne, mais ils ne doivent jamais servir de substitut au foin sec.

Remarque

- Un foin à cheval convient parfaitement s'il est propre et de bonne qualité. Profitez-en si vous habitez près d'une écurie. En revanche, le foin à vache est à déconseiller, car il est de moindre qualité et plus poussiéreux.
- Si possible, procurez-vous un foin de culture biologique sans pesticide. Il est de bien meilleure qualité. Ce foin peut cependant héberger des œufs d'insectes. Gardez-le au congélateur.
- Conservez tout type de foin dans un endroit frais et sec. L'humidité provoque des moisissures et l'apparition de spores néfastes pour les voies respiratoires du lapin.

Eau fraîche

Le lapin doit avoir accès à de l'eau fraîche en tout temps. Selon sa personnalité, il est de type «bouteille» ou de type «bol». À vous de déterminer sa préférence.

Type « bouteille »

Les bouteilles distributrices d'eau vendues en animalerie sont bien adaptées aux besoins du lapin. Elles ont l'avantage de garder l'eau propre, à l'abri des excréments de l'animal. Vérifiez le bon fonctionnement du mécanisme de distribution. Quelques lapins ont la fâcheuse habitude de bloquer la pipette en déposant à l'intérieur de celle-ci des particules alimentaires. Ils se voient ainsi privés d'eau. Certaines bouteilles comportent un défaut de fabrication et laissent échapper sans cesse des gouttes sur la litière, ce qui humidifie constamment l'environnement du lapin. Remplacez rapidement les bouteilles défectueuses. Si vous décidez de lui offrir l'eau en bouteille, assurez-vous que votre animal comprend bien le principe. Tous n'ont pas la même facilité d'adaptation...

Type « bol »

Tous les lapins dignes de ce nom aiment changer les objets de place dans leur cage, y compris le bol d'eau, surtout quand ils n'ont pas de jouets. Mais il est aussi possible qu'ils le fassent même si leur cage en est remplie. En plus d'être déplacé, le bol est souvent renversé et l'eau souillée par l'urine ou les selles. Pour ces raisons, on choisira un bol lourd en céramique. Il faut changer l'eau très fréquemment pour éviter la contamination. Le lapin qui se mouille constamment en buvant fait proliférer les bactéries sur son pelage (pattes, cou, menton). Si à ces endroits la fourrure devient verte, cela signifie qu'il y a des bactéries *Pseudomonas*. Cette condition connue sous le terme anglais « Green Fur Disease » n'est cependant pas dangereuse. Évitez simplement l'excès d'humidité. À la prochaine mue, le pelage reprendra sa coloration normale.

Remarque

Les suppléments de multivitamines conçus pour ajouter à l'eau de boisson ne sont pas nécessaires. Une alimentation variée et équilibrée est la clé du succès.

Les gâteries

Le lapin est végétarien de nature, mais sa gourmandise l'empêche parfois de résister aux graines, au pain, aux sucreries ou au chocolat. En ingurgitant de grandes quantités de sucre, les bactéries de l'intestin se multiplient excessivement et provoquent des gaz et de la diarrhée, qui peuvent parfois être fatals. Le sucre est à proscrire complètement. Quant aux graines, elles entraînent un surplus de poids et parfois même une infiltration graisseuse au foie. Utilisez-les avec modération. Ne donnez pas de blocs minéraux comme on en trouve dans les animaleries, car ils prédisposent aux désordres urinaires.

En résumé, pour gâter votre lapin adoré en toute sécurité :

- évitez systématiquement tout ce qui contient du sucre (biscuits, gâteaux, etc.) ;
- évitez le chocolat, qui est toxique ;
- ne donnez qu'occasionnellement les préparations commerciales conçues pour les lapins qui contiennent des graines de tournesol, du maïs, du blé, etc.;
- offrez avec modération des bananes ou des raisins secs. Ces fruits constituent des aliments santé appréciés des lapins ;
- finalement, une caresse ou un baiser reste la gâterie suprême…

CHAPITRE VI

Soins et éducation

SOINS

Le lapin est très fier de sa personne. Vous remarquerez qu'il consacre beaucoup d'énergie et de temps à l'entretien de son pelage. Les soins à prodiguer à votre lapin sont comparables à ceux des chats.

Brossage

Le brossage a pour but de démêler le pelage, d'enlever les poils morts et de répartir uniformément les huiles naturelles. La session de brossage doit être agréable autant pour vous que pour votre lapin. Commencez donc cette routine tôt dans sa vie. Il y prendra un malin plaisir.

Quelques minutes par jour suffiront pour un lapin à poils courts. En revanche, si vous avez choisi un lapin angora, votre travail sera beaucoup plus difficile, car ses longs poils laineux s'emmêlent et forment des nœuds. Si malgré votre vigilance, il s'est formé des amas de poils sur votre lapin, la brosse ne vous sera plus d'aucun secours. Essayez plutôt de les défaire avec un peigne métallique en prenant soin de ne pas trop tirer, car la peau du lapin est très mince et se déchire facilement. Si cette tentative reste infructueuse, procurez-vous une lame à bout rond, spécialement conçue pour cette tâche. Elle est largement utilisée dans les salons de toilettage pour chiens. Vous pouvez aussi enlever ces mottes de poils à l'aide de ciseaux, mais le résultat sera beaucoup moins esthétique. Pour les cas désespérés, il reste la tonte. Toutefois, elle doit être effectuée par des spécialistes, car les poils du lapin sont fins, difficiles à tondre, et on peut facilement couper ou écorcher la peau.

Remarques

- Vous aurez besoin d'une brosse et d'un peigne en métal pour bien entretenir le pelage de votre animal. Le peigne travaille en profondeur et empêche les poils de s'emmêler. La brosse, quant à elle, fait le travail de finition en plaçant et en lustrant les poils.
- Nettoyez bien le peigne et la brosse à l'eau tiède et au savon après chaque usage.
- Il se peut que votre lapin accepte le brossage sur le dos et non sur le ventre. Demandez de l'aide et souvenez-vous qu'un lapin qui a les yeux couverts est en général beaucoup plus calme et coopératif.

Bain

Il n'est pas nécessaire de baigner le lapin, car il est capable d'entretenir sa fourrure lui-même. Si toutefois il a été en contact avec des substances toxiques, des huiles, de la peinture, de la terre, des selles, etc., il est conseillé de lui faire un shampooing. Cette technique stresse parfois certains individus. Procédez rapidement et efficacement. Le choix du shampooing est important: ceux à l'odeur prononcée peuvent irriter la peau du lapin. Évitez d'utiliser les shampooings pour bébé ou tout autre produit destiné aux humains, si doux soient-ils, leur pH et leur composition ne convenant pas aux animaux. Votre vétérinaire demeure la meilleure personne pour vous conseiller dans le choix du produit le mieux adapté à votre lapin.

Lavez à l'eau tiède et rincez minutieusement. Tout résidu de savon peut entraîner des irritations cutanées, la formation de pellicules par assèchement de la peau ou des dermatites allergiques. Comme le lapin n'aime pas être plongé dans l'eau, laissez-la couler directement sur lui. Habituellement, un savonnage est suffisant, mais si vous avez des doutes quant à la présence de résidus toxiques, n'hésitez pas à refaire un deuxième et même un troisième shampooing. Le principal est de très bien rincer. À la fin du bain, enveloppez-le dans une grande serviette éponge, car, une fois mouillé, il est très frileux. Vous pouvez accélérer le séchage avec un séchoir à cheveux (basse intensité). S'il panique au son de l'appareil, laissez-le sécher naturellement dans un endroit chaud à l'abri des courants d'air.

Soins des griffes

On doit tailler les griffes d'un lapin en moyenne une à deux fois par année ou plus fréquemment si nécessaire. Des griffes trop longues cassent plus facilement, ce qui entraîne une douleur vive et parfois même un saignement. Dans de rares cas, les plaies s'infectent provoquant une ostéomyélite (infection de l'os). Vous pouvez tailler vous-même les griffes de votre lapin, le faire faire par votre vétérinaire ou encore par une personne expérimentée. Ce soin ne devrait jamais provoquer de saignement. Une contention efficace est nécessaire : la ruade d'un lapin frustré peut occasionner une fracture ouverte de la patte...

Matériel nécessaire

- Un coupe-ongles, un coupe-griffes pour chats ou une petite pince.
- Un produit coagulant : poudre hémostatique ou bâtons de nitrate d'argent. La farine ou la fécule de maïs peuvent très bien dépanner.
- Une lime d'émeri.

Si la griffe est blanche, il est facile de visualiser le vaisseau sanguin qui se trouve à l'intérieur et de couper quelques millimètres en avant de la partie rosée. Mais si la griffe est noire, les vaisseaux sanguins ne sont plus visibles. Il vous faudra être prudent, car taillée trop courte, une griffe peut saigner abondamment et provoquer de la douleur. Petit à petit, vous prendrez de l'expérience.

TAILLE DES GRIFFES

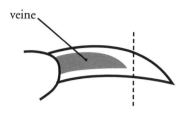

veine

coupe des griffes
dépassant les poils
de la patte

Patte antérieure

Remarques

- Pressez fermement la griffe avec la pince avant de la couper. Si le lapin réagit à la pression, vous êtes sur la veine. Retirez votre pince et recommencez plus loin. S'il n'y a aucune réaction, coupez.
- On peut sans danger tailler les griffes en se basant sur la longueur du poil du dessous des pattes. Ce repère peut aussi vous aider à savoir à quel moment il faut les tailler.
- Une griffe fraîchement taillée peut être un peu rugueuse. Quelques coups de lime régleront le problème.
- Si, par inadvertance, vous taillez une griffe trop court et qu'une hémorragie se produit, restez calme. Exercez une pression manuelle sur le doigt dont la griffe saigne : cela ralentit le flot de sang. Épongez le surplus de sang avec un coton sec. Appliquez la poudre hémostatique ou le bâton de nitrate d'argent directement sur le bout de la griffe. Il est parfois nécessaire d'appliquer le produit

coagulant plus d'une fois. Assurez-vous toutefois d'avoir bien
épongé le sang entre chaque application. Relâchez graduellement la
pression exercée sur le doigt afin d'éviter un retour de sang brutal.
Si vous n'avez pas de produits hémostatiques, utilisez de la farine
ou de la fécule de maïs.

• Ne mouillez pas une griffe qui saigne, cela aggrave l'hémorragie.

Onyxectomie ou dégriffage

On ne doit pas enlever les griffes d'un lapin, car elles servent active-
ment à sa traction. Après une telle chirurgie, la douleur est très importante, car il doit marcher directement sur ses plaies, contrairement au
chat qui possède des coussinets plantaires pour se protéger. On rapporte
des cas d'automutilation des pattes chez certains lapins ayant subi cette
intervention.

Que faire?

• Offrez-lui une boîte remplie de papier déchiqueté dans laquelle il
pourra gratter à loisir.

• Gardez les griffes de votre lapin courtes et bien limées. Des griffes
douces abîment moins les endroits où le lapin décide de gratter.

• Appliquez le produit «Soft Paws» sur les griffes. Ces petits capu-
chons de caoutchouc souples sont collés directement sur les griffes
à l'aide d'une colle non toxique. Les griffes recouvertes deviennent complètement inoffensives. On les remplace toutes les 4 à
12 semaines, selon la vitesse de croissance naturelle des griffes. Si,
par malchance, le lapin enlève le capuchon et l'avale, il ne court
aucun risque. Ce produit est disponible chez votre vétérinaire.

Hygiène des oreilles

Les oreilles du lapin n'ont pas besoin de soins particuliers. Les otites
externes sont rares: elles se caractérisent par une rougeur anormale de
l'intérieur de l'oreille. De plus, le lapin se sent mal et a tendance à se-
couer la tête et à se gratter anormalement. Un lapin peut avoir plus de

cire que la normale. Un nettoyage régulier avec un produit céruminolitique (qui dissout la cire) est indiqué. On trouve ce produit en clinique vétérinaire. L'intérieur d'une oreille en santé est rose, sec, exempt de débris et ne dégage aucune odeur désagréable.

Entretien des dents

Il n'est pas nécessaire de tailler les dents de votre lapin à moins qu'elles ne puissent plus s'user naturellement les unes sur les autres.

La taille des dents (incisives ou molaires) doit être pratiquée par un vétérinaire expérimenté et ne nécessite généralement pas d'anesthésie. Si le lapin est excessivement nerveux ou si ses dents lui ont causé des ulcères douloureux à la langue ou aux joues, elle sera alors d'un grand secours. Une fois endormi, les muscles se relâchent et l'accès à la cavité buccale est grandement facilité. On peut anesthésier un lapin sans danger avec un gaz appelé isoflurane. N'hésitez pas à l'exiger pour votre animal.

Contention

On ne doit jamais se servir des oreilles du lapin pour le soulever et encore moins pour le transporter. Non seulement l'animal souffre, mais en plus il peut ruer, se briser la colonne vertébrale et paralyser. Les contentions par la peau du cou ne favorisent pas une relation affective avec l'animal.

Le lapin doit se sentir en sécurité et en confiance dans vos bras. Si vous manifestez trop d'inquiétude, il le ressentira et sera plus nerveux. Une contention adéquate comprend deux étapes : l'approche du lapin et la contention elle-même. Annoncez toujours votre intention à votre animal en le caressant doucement. Vous devez être doux et confiant. Puis, passez une main sous le thorax et l'autre sous l'arrière-train. Placez ensuite le lapin contre vous : cela stabilise la contention et rassure le lapin.

LA CONTENTION

contention
adéquate et
sécuritaire

Remarques

- Le lapin est un animal imprévisible. Derrière son attitude calme et soumise peut se cacher une petite bombe à retardement qui attend seulement un moment de distraction de votre part pour ruer et essayer de s'échapper. Assurez-vous que votre contention est sécuritaire en tout temps.
- Couvrez les yeux d'un lapin paniqué avec votre main. Cela a pour effet de le calmer.
- Souvenez-vous que les pattes de derrière d'un lapin sont très puissantes et munies de griffes pointues qui peuvent blesser douloureusement la personne qui essaie de le contrôler.
- L'attitude de la personne qui manipule le lapin est primordiale. Tout stress de sa part passe chez le lapin comme de l'électricité!
- Si vous l'entraînez jeune, votre lapin acceptera volontiers de se coucher sur le dos dans vos bras ou sur vos cuisses. Dans cette position, certains lapins atteignent un état presque hypnotique. Si leurs yeux sont couverts, ils peuvent rester ainsi de longs moments.

Gériatrie

Il est question ici du lapin âgé de plus de 9 ou 10 ans. Vous remarquerez que, tout comme chez les humains, votre vénérable lapin subit l'effet des années. De plus en plus sage, il passera une grande partie de son temps à se reposer. Il se peut même que l'arthrite entrave ses mouvements. Pensez à abaisser les rebords de la litière pour la rendre plus accessible. Si votre compagnon fait ses besoins dans la maison, c'est probablement qu'il ne peut plus accéder à sa litière. Ayant perdu sa souplesse de jeunesse, il apprécie qu'on le gratte aux endroits désormais plus difficiles d'accès (dos, oreilles). Son pelage est plus terne et plus gras, car il ne se toilette plus avec autant d'ardeur qu'avant. Brossez-le plus souvent. Le lapin vieillissant perd graduellement de sa masse et de sa force musculaire. Sa démarche devient un peu hésitante. L'apparition de cataractes donne un aspect bleuté à ses yeux. Il peut avoir une vision voilée ou, en cas extrême, être aveugle. Heureusement, un lapin aveugle peut très bien se débrouiller. Des problèmes de dents peuvent aussi incommoder un vieux lapin. Faites-lui examiner fréquemment la bouche, afin que toute anomalie soit décelée rapidement et corrigée à temps. Votre vieux lapin incommodé par des problèmes dentaires appréciera une moulée détrempée et des légumes cuits à la vapeur. Par de multiples petites attentions, vous le rendrez heureux.

ÉDUCATION

On éduque un lapin comme tout autre animal domestique. Bien sûr, tous les lapins n'ont pas la même personnalité ni la même capacité d'apprentissage, mais en règle générale, avec de la patience, du respect et de l'amour, vous pourrez faire des miracles. Attendez-vous à déployer presqu'autant d'énergie à éduquer votre bébé lapin qu'à élever un chiot. Mais ne soyez pas trop exigeant, il a sa jeunesse et ses folies à vivre !

Premièrement, apprenez à bébé lapin à utiliser une litière pour faire ses besoins. Son instinct le poussant naturellement à choisir un endroit spécifique pour faire ses besoins, la marche à suivre est relativement simple.

- Placez une litière dans la cage à l'endroit où il fait la majorité de ses besoins.
- Disposez plusieurs litières dans la maison à ses endroits préférés.
- À mesure qu'il utilise les litières, agrandissez lentement son territoire dans la maison.
- Nettoyez les litières fréquemment. Une litière propre attire le lapin.
- Récompensez votre lapin lorsqu'il utilise la litière. Un morceau de carotte ou une branche de céleri seront certainement appréciés.
- Si bébé lapin fait ses besoins n'importe où, dites un non catégorique et mettez-le gentiment dans sa litière. Les punitions physiques sont à proscrire. Elles ne font que traumatiser l'animal. Si vous rudoyez votre lapin en le remettant dans sa litière, il associera le fait de s'y trouver à une punition. Vous obtiendrez l'effet inverse.
- Lorsque votre lapin a enfin compris le principe, enlevez graduellement les litières les moins utilisées jusqu'à en garder une ou deux à votre convenance.
- Si, vers l'âge de 4 à 6 mois, le lapin oublie subitement ses bonnes habitudes, c'est qu'il est désormais mature sexuellement. Ses hormones lui dictent de marquer son territoire. La stérilisation règle le problème dans la grande majorité des cas.
- Sachez enfin qu'il est souvent plus facile d'entraîner un lapin adulte qu'un très jeune lapin.

Deuxièmement, un lapin bien élevé ne doit pas tout détruire dans la maison. Pour cette seconde étape, la nature est contre vous, car le sport favori d'un lapin est de ronger.

Vous devez donc en premier lieu transformer votre maison en un endroit sécuritaire pour les lapins (voir chapitre III) et apprendre à l'animal les actes permis et les actes interdits. Au début, allouez-lui au moins 30 minutes de liberté hautement surveillée par jour. Aussitôt que le lapin porte un certain intérêt pour le pied de votre table en bois, offrez-lui sur-le-champ un autre objet à mâcher. Il doit ressembler le plus possible à celui choisi au départ par le lapin. Soyez donc prêt à faire face à toutes les situations : gardez en réserve des morceaux de bois ressemblant aux pieds de vos meubles ou à vos boiseries, ou des morceaux de tissus s'il mâchouille votre sofa ou vos rideaux. Ne désespérez pas! Quel chiot n'a pas décortiqué de chaussures ou fait des trous dans le canapé?

Troisièmement, le lapin moderne aime voyager, mais pas à n'importe quel prix!

Balades en voiture
• Que ce soit pour aller au chalet en été, pour rendre visite à tante Alice à Pâques ou pour se rendre chez le vétérinaire, il est important de garantir la sécurité de Monsieur Lapin. Bien que certains apprécient les balades en voiture sagement assis sur les genoux, il n'est pas conseillé de procéder ainsi. Utilisez un transporteur pour chat vendu en animalerie. Le lapin s'y sentira en sécurité et ne dérangera pas le conducteur. En cas d'accident, il sera mieux protégé. Fixez le transporteur à l'aide de la ceinture de sécurité. Tapissez-en le fond avec une serviette éponge et offrez quelques légumes au voyageur pour calmer ses petites fringales. Un vrai service de première classe! Pensez aussi à la climatisation. Par temps chaud, une bouteille d'eau glacée placée dans le transporteur rendra le voyage encore plus agréable. Pour les déplacements occasionnels et de courte durée, on peut remplacer le transporteur par une boîte en carton, mais elle ne résiste généralement pas longtemps aux dents de Monsieur Lapin. Le lapin aventureux accepte volontiers de se balader dans un sac à dos ou un sac de sport.

- Si votre lapin est anxieux, n'effectuez pas un long trajet à sa première sortie. Faites plutôt de courtes balades et augmentez lentement la distance parcourue.
- En été, l'automobile peut devenir un piège mortel pour votre lapin comme pour tout autre animal. Même si vous avez pris soin de laisser les fenêtres légèrement ouvertes, la température grimpe rapidement. L'animal peut mourir d'hyperthermie.

Voyage à l'étranger
- Il n'est pas recommandé de faire voyager un lapin en avion. Si vous désirez toutefois emmener le vôtre, informez-vous auprès de l'ambassade ou du service des Douanes du pays visité de leurs exigences : certificat de santé, quarantaine, etc. Renseignez-vous aussi auprès des autorités de votre pays quant aux modalités du retour. Informez-vous auprès de votre compagnie aérienne des conditions de voyage de votre protégé et tentez, si possible, de le garder avec vous. Encore une fois, un transporteur bien équipé est de rigueur. L'usage de sédatifs ou de calmants n'est pas recommandé et pourrait entraîner des conséquences fâcheuses.

Mon lapin en pension
- Advenant que votre lapin ne puisse vous suivre, vous avez deux solutions. Vous pouvez le laisser à la maison et une personne de confiance lui rendra visite au moins une fois par jour. Cette personne doit avoir le numéro de téléphone de votre vétérinaire qu'elle utilisera en cas de besoin. Votre second choix est de placer votre lapin en pension chez un ami, dans une clinique vétérinaire ou dans une animalerie. Demandez à ce qu'il ne soit pas installé dans la même pièce que les chiens et les chats. Cette situation le stresserait inutilement.

Quatrièmement, le lapin moderne aime être dans le vent et à la mode. Il apprendra rapidement à se balader en laisse. Un harnais est toutefois beaucoup plus sécuritaire qu'un collier. Pourquoi ne pas pousser la coquetterie et faire comme Kiwi, un petit lapin gris très chic, qui ne sort jamais sans son petit manteau à carreaux rouges !

CHAPITRE VII

Reproduction

L'expression « chaud lapin » prend tout son sens lorsqu'on observe un couple de lapins. Une fois leur maturité sexuelle atteinte, le mâle multiplie ses courbettes devant la lapine. Leurs ébats se soldent rapidement par un belle petite famille.

MATURITÉ SEXUELLE

L'âge de la puberté varie selon la grosseur du lapin. Les petites races deviennent sexuellement matures plus tôt que les grosses.

Petites races : 4 à 6 mois
Races moyennes : 4 à 8 mois
Grosses races : 5 à 8 mois

La maturité sexuelle chez les lapins mâle ou femelle pourrait se comparer à l'adolescence chez les humains. C'est une période de grands bouleversements causés par l'apparition d'hormones sexuelles dans le sang. Certains lapins vivent leur adolescence sans crise, mais ce n'est pas le cas pour tous. Voici ce qui peut arriver à votre lapin :
• Il commence à marquer son territoire en dispersant de petites quantités d'urine et des selles un peu partout dans la maison.
• Il devient soudainement agressif.
• Il se masturbe sur les objets tels que les animaux en peluche, sur votre jambe ou votre bras, etc.

Si votre lapin ne fait rien de tel, il n'est pas pour autant anormal. Mais si le gentil lapin que vous connaissiez est devenu insupportable, ne vous inquiétez pas. La stérilisation réglera tous ces problèmes.

DÉTERMINATION DES SEXES

Il est très facile de déterminer le sexe d'un individu adulte. Les testicules du mâle sont bien visibles et placés un peu plus haut que le pénis. On peut faire sortir celui-ci par une simple pression manuelle. Son ouverture est circulaire. Chez la femelle, l'ouverture du vagin est linéaire et facilement visible en pressant légèrement avec les doigts.

La tâche est plus compliquée pour les sujets plus jeunes, car les testicules ne sont pas encore descendus dans le scrotum. L'organe génital n'est pas encore bien formé et la physionomie de son ouverture est parfois difficile à observer. Les cas douteux sont possibles...

DÉTERMINATION DES SEXES
Femelle (juvénile ou adulte)

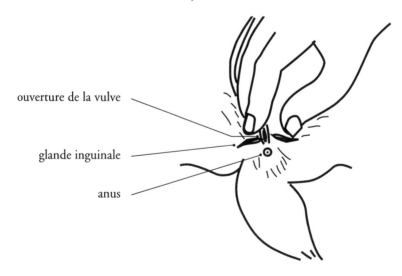

ouverture de la vulve

glande inguinale

anus

Mâle juvénile

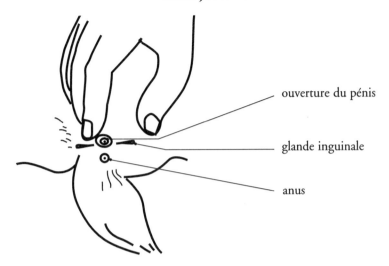

ouverture du pénis

glande inguinale

anus

Mâle adulte

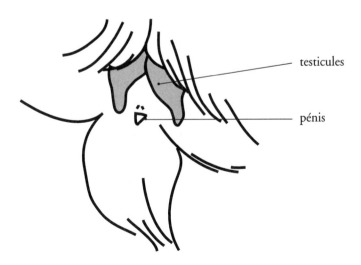

testicules

pénis

RENCONTRE

La lapine est polyoestrienne à ovulation provoquée par le coït. Cela signifie qu'elle ne possède pas de cycles ovariens réguliers où elle ovule spontanément, mais plutôt des périodes de réceptivité sexuelle toute l'année, pendant lesquelles elle accepte la présence du mâle et lui permet de la monter. En période de réceptivité, elle est hyperactive et a tendance à frotter plus souvent son menton sur vous ou sur les objets. L'examen minutieux de sa vulve révèle une légère rougeur et une enflure. Il est aussi possible de détecter une femelle réceptive en posant une main sur sa croupe. Elle courbe alors le dos, soulève le pelvis et expose ses organes génitaux.

Remarques

- On ne devrait jamais garder ensemble longtemps un mâle et une femelle intacts (non stérilisés). La femelle non réceptive peut être agressive envers le mâle.
- Choisissez bien le mâle destiné à l'accouplement. S'il est trop gros, il engendrera de gros bébés. La mère aura probablement des problèmes lors de la mise bas. Idéalement, le mâle devrait être légèrement plus petit que sa compagne.

Amenez toujours la femelle dans la cage du mâle et non l'inverse. L'instinct de territorialité est beaucoup plus fort chez la lapine. Monsieur Lapin est très entreprenant. Il courtise sa belle en tournant autour d'elle. S'il sent une certaine compatibilité, il copule en la tenant par le cou. La copulation est très rapide (deux à trois secondes) et certains mâles, après l'acte, tombent sur le côté complètement épuisés…

Si l'accouplement ne s'est pas produit après 15 minutes, il vaut mieux retirer la femelle et remettre l'opération à un autre moment. L'ovulation se produit de 9 à 13 heures après la copulation. À ce stade, deux scénarios sont possibles : la gestation ou la pseudo-gestation.

Gestation

La gestation chez la lapine dure de 29 à 35 jours, et en moyenne 31 jours. Elle se déroule sans la présence du mâle. La lapine bien domestiquée accepte volontiers d'être manipulée doucement pendant cette période. En revanche, certaines lapines plus timides demandent plus d'intimité. Respectez ce besoin, car le stress est néfaste pour une lapine gestante. Un vétérinaire peut poser le diagnostic de gestation de 10 à 14 jours après l'accouplement. À ce moment, il peut palper de petites boules rondes dans l'utérus. Il doit effectuer cet examen avec douceur, car une pression trop intense provoquerait un avortement.

Il est maintenant temps d'offrir à votre lapine une boîte où elle fera son nid. On peut placer le nid dans la cage dès que la gestation est confirmée. En réalité, il est un peu trop tard pour penser à installer le nid après 26 jours. Une simple boîte en carton fera l'affaire, mais vous pouvez aussi lui offrir un petit lit de chien ou un gros tas de paille ou de foin que la femelle arrangera à sa guise. Si elle pouvait choisir, elle opterait probablement pour un endroit couvert. Il existe aussi des boîtes en métal spécialement conçues pour les éleveurs. Quelques jours avant la mise bas, vous serez témoin d'un phénomène intéressant : la future mère arrache les poils de son abdomen et de son cou. Elle les utilise pour tapisser le fond de son nid afin qu'il soit douillet et confortable. En plus, cela lui permet de dégager ses glandes mammaires.

Remarques

• Un repli de peau semblable à un double menton est observé chez plusieurs femelles. Il ne correspond pas à un surplus de poids mais il est simplement le signe d'une particularité anatomique permettant d'augmenter la surface à épiler lorsqu'une femelle fait son nid.

- L'alimentation de la femelle gestante et en lactation devrait contenir un pourcentage plus bas en fibres et plus élevé en protéines que son alimentation régulière.
- Tempérez l'environnement de la future maman. Les grandes chaleurs lui sont néfastes.
- Votre lapine ne doit jamais manquer d'eau et celle-ci doit toujours être fraîche. Elle en consommera en plus grande quantité durant cette période.

Pseudo-gestation

Dans l'éventualité où votre lapine s'est accouplée avec un mâle infertile ou inexpérimenté, le mouvement de la copulation a quand même pu provoquer chez elle une ovulation. Les changements hormonaux ainsi engendrés donnent pendant 16 à 17 jours l'impression qu'une réelle gestation a eu lieu. Ce phénomène est connu sous le nom de pseudo-gestation, car il n'y a eu aucune fertilisation. Pendant cette période, l'abdomen de la lapine se gonfle, elle arrache souvent son poil pour former un nid et elle peut même avoir une montée de lait. En l'absence de réels fœtus, le processus se termine par un retour à la normale. Deux femelles gardées ensemble et qui ont l'habitude de se monter peuvent aussi provoquer chez leur partenaire une pseudo-gestation.

Mise bas

Les bébés naissent généralement tôt le matin. Une mise bas normale dure de une à deux heures. Il ne devrait pas se passer plus d'une heure entre chaque naissance. Les complications sont rares. Si la venue des lapereaux dure plus de 6 heures, si la femelle est en détresse ou si la gestation dure plus de 35 jours, consultez rapidement votre vétérinaire. Une évaluation précise de la santé de votre lapine lui permettra de bien

Hollandais, noir

Lapin nain croisé, blanc à pointes lilas
Mini Bélier, blanc à pointes lilas

Lapin nain croisé, blanc à pointes lilas

Mini Bélier, blanc à pointes lilas
Blanc de Hotot nain

Blanc de Hotot nain
Lapin nain croisé, siamois

Lapin nain croisé, siamois

Lapin nain croisé, siamois
Mini Bélier, blanc à pointes lilas

Lapin nain croisé, siamois

vous conseiller. Parfois il devra faire une injection d'oxytocin (hormone qui provoque des contractions utérines). Pour les cas plus graves, une césarienne s'avère nécessaire. Généralement une radiographie orientera la décision médicale. Malgré toute la bonne volonté du vétérinaire, si la lapine est en état de choc, les chances de survie sont minimes, tant pour la mère que pour les rejetons.

À mesure que les lapereaux naissent, la mère coupe le cordon ombilical et mange le placenta. Les bébés mort-nés sont aussi mangés, car leur putréfaction mettrait les autres en danger. Ce comportement a peut-être déjà été confondu, à tort, avec du cannibalisme. Les bébés sont nidicoles, c'est-à-dire qu'ils naissent sans poils, aveugles (paupières fermées), les oreilles fermées et sont totalement dépendants de leur mère. Ils pèsent entre 30 g (1 oz) et 80 g (2¾ oz), selon la race. La femelle ne s'occupe que des petits qui sont dans le nid. Si par hasard un bébé roulait hors du nid, replacez-le vite avec ses frères et sœurs, sinon il mourra rapidement d'hypothermie et de faim.

Maman Lapine reconnaît ses petits grâce à leur odeur. Dès leur naissance, elle marque sa progéniture à l'aide de ses glandes sous-mentonnières et inguinales. Elle tolérera difficilement un bébé imprégné d'une odeur étrangère. Une lapine très apprivoisée qui a confiance en son maître accepte que celui-ci touche ses lapereaux. Il reste que beaucoup de mères sont très nerveuses. Manipuler leurs rejetons peut provoquer chez elles du cannibalisme. En règle générale, il est important d'offrir à la nouvelle mère toute l'intimité et la tranquillité dont elle a besoin. Évitez que les enfants ou les autres animaux de la maison ne jouent à proximité de sa cage. Lorsque vous verrez les petites boules de ouate sortir du nid et se promener dans la cage, vous pourrez commencer à les toucher. Soyez patient!

La lapine est une mère discrète. Elle n'allaite ses lapereaux qu'une fois par jour. La tétée a lieu le matin et dure en moyenne de trois à cinq minutes. La mère ne se couche pas dans le nid pour nourrir ses petits, mais se tient debout au-dessus d'eux. Le lait de la lapine est riche en gras et en protéines (12,2 % de gras et 10,4 % de protéines). Cela permet aux petits de bien se rassasier entre les rares repas. Des anticorps présents dans le lait passent de la mère aux petits et les protègent contre les maladies, en attendant que leur propre système immunitaire prenne la relève. Il est tout à fait normal que la mère déserte le nid entre les tétées. Ne vous méprenez pas sur ce comportement naturel, ce n'est pas un signe d'abandon. Pour vous rassurer, observez discrètement les lapereaux dans le nid. S'ils sont chauds, calmes et que leur abdomen est bien rond, tout est normal. Si, pour quelque raison que ce soit, les petits étaient abandonnés (mère malade, trop stressée, décédée), vous devrez prendre la relève. La tâche ne sera pas facile, mais tellement gratifiante si vous réussissez.

Réfléchissez bien avant d'avoir des petits lapins, car vous devez prendre vos responsabilités.

- Assurez-vous que tous les petits (1 à 22) trouveront un bon foyer d'accueil. Ne comptez pas sur les refuges ou la SPCA. Certaines animaleries accepteront d'acheter vos lapereaux. Cette solution est tout à fait acceptable, mais choisissez bien l'animalerie. Les lapins sont parfois vendus pour nourrir les reptiles, et ce n'est certainement pas le destin que vous souhaitez aux vôtres.

- Prévoyer une visite chez le vétérinaire afin de vous assurer que la gestation suit son cours normal.

- La grande majorité des mises bas se font naturellement et sans problèmes. Mais des complications peuvent nécessiter une intervention, une césarienne par exemple. Selon la raison de procéder à cette chirurgie (petits trop gros, mortalité fœtale ou autre), le pronostic varie de bon à pauvre.

- Oubliez la reproduction comme le moyen de faire vivre à vos enfants le miracle de la vie! La lapine est timide et n'apprécie pas que des enfants l'observent constamment. Une lapine subissant un tel stress peut aller jusqu'à manger ses petits.

Orphelins

Les petits lapins orphelins meurent la plupart du temps d'hypothermie, de diarrhée ou de pneumonie par aspiration. Ils sont souvent trop nourris par leurs parents adoptifs. Voici donc quelques informations vous permettant de réussir à réchapper ces petits orphelins.

Le jeune lapin produit dans son estomac un acide gras qui a des propriétés antimicrobiennes lorsqu'il est combiné au lait de sa mère. Cette substance contrôle efficacement la croissance bactérienne dans l'estomac et en fait un endroit quasi stérile. L'orphelin nourri avec le lait d'une autre espèce animale ne peut plus produire cet agent antimicrobien et devient alors beaucoup plus réceptif aux infections du système digestif qui se traduisent par des diarrhées. Pour cette raison, le lait de vache pur ne convient pas au lapin. Offrez à un orphelin un lait spécialement conçu pour les animaux appelé KMR. Il est disponible chez votre vétérinaire et dans certaines animaleries. S'il vous est impossible d'en obtenir, cette recette maison a déjà fait ses preuves et vous aidera grandement.

Recette de lait maternisé

90 ml (3 oz)	lait homogénéisé à 3,25 %
5 ml (1 c. à thé)	Lait en poudre pour bébés (SMA, Enfalac, Similac)
3 gouttes	Sirop de maïs
2,5 g (½ c. à thé)	Pablum (céréales mixtes)
3 gouttes	Multivitamines pour rongeurs, oiseaux ou petits animaux

Gardez cette préparation de lait au frigo et ne la conservez pas plus de 24 h. Faites chauffer le lait (KMR ou recette maison) à 29 °C avant de le donner aux bébés en respectant les doses suivantes.

Âge du lapin	Quantité moyenne de lait par jour
Première semaine de vie	5 ml (1 c. à thé)
Deuxième semaine de vie	15 ml (1 c. à table)
Troisième semaine de vie	25 ml (5 c. à thé)

Que faire si bébé lapin ne boit pas la quantité de lait suggérée ou a encore faim après la tétée? Fiez-vous à votre jugement. Chaque lapereau est différent et ce qui convient à l'un peut ne pas convenir à l'autre. Ces quantités de lait ne sont qu'une suggestion et non une règle absolue. Divisez la quantité totale de lait en deux: un repas le matin et un en fin de journée. Pour le faire boire, utilisez un compte-gouttes, une seringue ou une petite bouteille conçue spécialement pour les animaux. Tous les instruments doivent être très propres.

Stimulez la miction et la défécation des jeunes lapins en massant doucement la région ano-génitale à l'aide d'une petite serviette de toilette humide, au début et à la fin de chaque repas. Le lapin très jeune n'est pas capable de déclencher ses fonctions naturelles seul. Généralement, sa mère s'acquitte de cette tâche en le léchant.

Gardez vos petits lapins bien au chaud, car ils ne sont pas encore capables de bien contrôler leur température corporelle. Un nid fabriqué avec des serviettes douces pour les envelopper est tout à fait adéquat. Pour plus de sécurité, gardez-les dans une pièce bien chauffée et, en cas de doute, ajoutez une bouillotte ou un tapis chauffant. Faites bien attention, le but n'est pas de faire cuire vos petits lapins!

À partir de la troisième semaine, mettez à leur disposition un bol d'eau fraîche, des légumes, de la moulée et du foin. À mesure qu'ils grignotent la nourriture solide, diminuez la fréquence des tétées. Elles ne seront plus nécessaires après quatre ou cinq semaines.

Sevrage

Que ce soit vous ou la mère biologique qui s'occupe des bébés lapins, vous remarquerez qu'ils grossissent rapidement! Pour que le lapin passe de l'état de nouveau-né totalement dépourvu à celui de jeune lapin autonome, quatre à six semaines suffiront. Déjà à cinq ou six jours, les poils poussent; après deux semaines, les yeux et les oreilles s'ouvrent, et après deux ou trois semaines, les petits commencent à manger de la nourriture solide. La coprophagie débute à la troisième semaine. Même si, à quatre semaines, on peut déjà sevrer la majorité des petits lapins, l'âge idéal pour le faire est de six semaines. Enfin, à trois mois, le lapin déjà adolescent mue et acquiert son pelage définitif d'adulte.

CHAPITRE VIII

Maladies

Le lapin est rarement malade. Cependant, les maladies qui l'affectent peuvent être sérieuses. Il est donc important d'apprendre à bien connaître son animal et à bien déceler les signes précoces de pathologies. Trop souvent, ses chances de guérison sont compromises parce que son maître l'amène trop tard chez le vétérinaire alors que sa condition est déjà avancée. Ne négligez aucun signe clinique suspect. Au moindre doute, consultez.

La médecine des animaux exotiques est un domaine très spécialisé. Les connaissances médicales se rapportant aux chiens et aux chats ne sont pas toujours applicables aux lapins. Par exemple, certains médicaments prescrits pour les chiens et les chats pourraient tuer un lapin. Il est donc important de choisir le vétérinaire en fonction de son champ d'intérêt et de sa spécialisation. Lorsque vous le rencontrez, expliquez-lui la raison de votre visite. Une série de questions lui permettra de bien cerner le problème. Des réponses claires et précises seront d'une aide très précieuse. Le lapin est-il seul à la maison ? Y a-t-il d'autres animaux avec lui ? Son appétit est-il normal ?…

La deuxième étape consiste en un examen physique attentif et complet. Le vétérinaire note tous les problèmes et dresse une liste de diagnostics possibles. Puis il pose le diagnostic final. Souvent, il a besoin de faire des examens supplémentaires pour préciser l'état de santé du lapin : prise de sang, radiographie, analyse d'urine et de selles, etc. Un diagnostic rapidement posé augmente substantiellement les chances de guérison du lapin. Selon la sévérité de la maladie, le vétérinaire vous proposera soit un traitement à la maison ou l'hospitalisation. Parfois aussi, il faudra malheureusement envisager l'euthanasie.

LA PASTEURELLOSE

Chez le lapin, une bactérie très dangereuse, *Pasteurella mutocida,* cause la pasteurellose. Plusieurs lapins en sont porteurs sans pour autant présenter de symptômes. Un stress suffit pour que la bactérie se réveille et rende le lapin malade.

La pasteurellose est de loin la première cause de mortalité chez le lapin, particulièrement chez les jeunes individus. Heureusement, il existe des médicaments efficaces et le taux de guérison est bon. Cependant, même si ces médicaments sont administrés au tout début de la maladie, il se peut que la condition du lapin se dégrade ou devienne chronique.

Cette maladie est d'autant plus insidieuse qu'elle peut prendre plusieurs formes.

- Rhinite : inflammation aiguë de la muqueuse du nez et écoulements purulents au niveau du nez.
- Conjonctivite : inflammation de la membrane des paupières et rougeur avec ou sans écoulements purulents.
- Sinusite : infection des sinus.
- Infection du canal naso-lacrymal : ce canal permet au surplus de larmes de passer de l'œil jusqu'au nez. En cas d'infection, des débris et du pus le bloquent. Les larmes et le pus collent alors les poils au coin des yeux.
- Otite : la plupart du temps, l'infection se situe dans l'oreille interne où se trouve le système de l'équilibre de l'animal. Le lapin affecté aura donc la tête penchée d'un côté et ne pourra plus garder l'équilibre. Certains individus tournent aussi en rond. Les otites sont toujours graves et demandent des soins médicaux intensifs. L'issue de la maladie est soit la guérison complète, soit la guérison avec des séquelles permanentes (tête penchée) ou encore l'euthanasie pour les cas qui ne répondent pas aux traitements.
- Pneumonie : parfois l'infection des voies respiratoires supérieures (rhinite, sinusite, conjonctivite, infection des canaux lacry-

maux) se complique et s'étend aux poumons. Les pneumonies sont difficiles à traiter et les risques de décès sont malheureusement élevés.

- Bactériémie : manifestation fulgurante de la pasteurellose. Les bactéries se répandent massivement dans la circulation sanguine. Très rapidement, la santé du lapin se détériore et il décède.

- Abcès : les abcès dus à la pasteurellose poussent à peu près partout : sous la peau, dans les yeux, au cerveau, dans l'os de la mâchoire, sur les organes génitaux, sur les organes internes, etc. Ils sont difficiles à traiter. En plus des antibiotiques, une chirurgie est souvent nécessaire. Les récidives sont possibles. Il peut en résulter des séquelles permanentes, si les abcès se sont formés dans des endroits comme le cerveau, les yeux ou autres organes importants.

- Ostéomyélite : infection extrêmement sévère d'un os. Un endroit touché fréquemment est l'os du talon. La maladie commence par un banal ulcère de la peau et dégénère en infection de l'os de la patte. Cette maladie exige un traitement médical agressif et intensif.

- Arthrite : la bactérie a infecté une ou plusieurs articulations.

Aussitôt que votre lapin développe un ou plusieurs de ces signes, vous devez :
- l'isoler des autres lapins, car la pasteurellose est très contagieuse ;
- prendre rendez-vous avec votre vétérinaire le plus rapidement possible et faire examiner, en plus du malade, tous les lapins qui ont été en contact avec lui ;
- désinfecter rigoureusement la cage et les accessoires du lapin malade avec une solution d'eau de Javel (1 dose d'eau de Javel pour 9 doses d'eau), et bien rincer, car les résidus sont irritants pour la peau et les voies respiratoires.
- ne pas administrer n'importe quel médicament à votre lapin malade. L'usage d'un mauvais antibiotique ou d'une dose non conforme ne fera que développer la résistance de la bactérie.

• bien vous laver les mains après la manipulation du lapin malade ou étranger. La bactérie peut rester sur vos mains et vous contribuez à sa propagation.

LES TRICHOBENZOARS

Les trichobenzoars sont ce qu'on appelle communément des boules de poil. Tout comme le chat, le lapin est très propre et passe une grande partie de son temps à se lécher. De cette façon, il ingurgite une quantité impressionnante de poils. Comme il est incapable de vomir, il doit éliminer tout ce poil par le système digestif. Avec les boules de poil, mieux vaut prévenir que guérir. L'utilisation d'une pâte laxative pour chats suffit pour éviter les problèmes (1 à 2 ml, une à deux fois par semaine ; en période de mue tous les deux jours). Assurez-vous que la pâte laxative ne contienne pas parmi ses ingrédients du malt, du sucre ou du sirop. Ces derniers composants causent des désordres intestinaux sérieux. Demandez conseil à votre vétérinaire.

Une croyance largement répandue veut que donner du jus d'ananas ou de papaye à un lapin désagrège les boules de poil. En réalité, les enzymes contenus dans ces fruits ne désagrègent pas les boules de poil comme on l'avait tout d'abord cru. C'est plutôt l'hydratation apportée par le jus qui améliore la condition. L'eau aurait probablement le même effet!

Signes avant-coureurs de blocage
• Selles plus petites.
• Selles attachées les unes aux autres.
• Selles molles suivies de constipation.
• Diminution de l'appétit.

Facteurs prédisposant à la formation de boules de poil
• Sédentarité, manque d'exercice.
• Obésité.

- Manque de grosses fibres (foin sec) dans l'alimentation.
- Brossages pas assez fréquents.
- Absence de pâte laxative.
- Déshydratation.

Remarques

Comme il n'est pas toujours facile de faire avaler la pâte laxative à votre lapin, voici quelques petits trucs.
- Certains individus lèchent volontiers le produit sur le bout du doigt.
- Chez les plus récalcitrants, appliquez-en de petites quantités sur les pattes. Le lapin absorbe le produit en faisant sa toilette.
- Pour les durs de durs, utilisez la méthode de la serviette! Bien enveloppé dans une serviette, le lapin ne peut pas se sauver. Remplissez une seringue sans aiguille avec la quantité voulue de pâte laxative et placez-la dans sa bouche, juste derrière les incisives, là où il n'y a pas de dents.

LA DIARRHÉE

Quelle que soit la cause de la diarrhée, il faut la soigner rapidement, car elle entraîne une déshydratation plus ou moins sévère de l'animal. Sans un traitement approprié, l'issue peut être fatale pour votre lapin. Avant de parler des diarrhées proprement dites, j'aimerais faire une mise au point importante. Ne prenez pas les cæcotropes pour de la diarrhée. Si vous avez des doutes, consultez votre vétérinaire. Voici quelques renseignements vous permettant de les identifier.

Cæcotropes

Les cæcotropes sont des boulettes de matière fécale luisantes et verdâtres, qui viennent directement du cæcum et contiennent des éléments nutritifs essentiels pour le lapin. Elles s'agglutinent en petits amas et du mucus les enveloppe. Comme le lapin en bonne santé mange ses cæcotropes directement de son anus, on ne peut généralement pas les voir. Cependant, elles peuvent se retrouver au fond de la cage du lapin ou collées dans le poil autour de l'anus pour plusieurs raisons :

- le lapin obèse a de la difficulté à attraper les cæcotropes directement à l'anus ;
- le lapin souffre d'un handicap qui limite l'accès à son anus ;
- le lapin porte un collier élisabéthain ;
- le lapin est très malade et très faible ;
- le lapin a été dérangé lorsqu'il s'apprêtait à les consommer.

Diarrhée alimentaire

Un lapin peut développer une diarrhée à la suite de l'ingestion d'un aliment inhabituel pour lui et qu'il a absorbé en grande quantité. Voilà enfin l'explication du mythe tenace qui veut que donner des légumes à un lapin provoque systématiquement la diarrhée. Offrez-lui donc les légumes et les fruits graduellement. Évitez aussi les aliments contenant du sucre ou de l'amidon : ils causent la diarrhée en débalançant la flore intestinale. De plus, une alimentation faible en grosses fibres (foin sec) rend l'intestin paresseux et entraîne des selles molles ou de la diarrhée. Une diarrhée alimentaire se résorbe généralement en quelques heures après avoir supprimé l'aliment responsable.

Parasites intestinaux

Les coccidies

Les coccidies sont des parasites microscopiques vivant dans l'intestin des lapins. Quand elles sont présentes en grand nombre, elles causent des ravages considérables. Les symptômes apparaissent le plus souvent chez le jeune lapin de trois ou quatre mois. Il présente des épisodes de diarrhée jusqu'au jour où une diarrhée profuse et soudaine se produit. L'animal décède rapidement s'il ne reçoit pas des soins intensifs en clinique vétérinaire.

La coccidiose se traite facilement quand elle est diagnostiquée tôt. Comme elle est contagieuse, il faut soigner tous les lapins ayant eu des contacts avec un individu malade.

Remarques

- Après l'achat de votre lapin, faites analyser rapidement ses selles.
- Suspectez la présence de coccidies chez un tout jeune lapin ayant une pasteurellose respiratoire. Ces deux maladies sont fréquemment diagnostiquées chez le même lapin.

Les vers ronds

Ils causent peu de dommages au lapin quand ils sont en petit nombre. Faites-les identifier par votre vétérinaire (analyse de selles ou visualisation d'un ver adulte ramassé dans les selles). Le vétérinaire prescrira le médicament approprié.

Certaines mouches pondent des œufs sur les selles de votre lapin. Les asticots (larves) qui s'y développent sont parfois pris pour des parasites intestinaux. En cas de doute, apportez un échantillon à votre vétérinaire afin d'obtenir une identification précise.

D'autres sortes de mouches ont la vilaine habitude de pondre leurs œufs directement sur le lapin, dans les replis de peau où l'humidité est constante, par exemple dans les replis cutanés des lapins obèses. Les larves provenant de ces œufs mesurent environ 1,5 cm (½ po) de longueur et sont blanchâtres. Elles se nourrissent de la chair du lapin et peuvent causer des dégâts considérables. L'endroit le plus souvent atteint est la zone entourant les organes génitaux et la queue. Examinez fréquemment votre lapin afin de déceler rapidement tout problème. Une simple moustiquaire recouvrant la cage pourrait éviter bien des soucis.

Diarrhée bactérienne

Cette maladie est rare chez le lapin. La bactérie *salmonella sp* est parfois impliquée. Si votre vétérinaire a des doutes, il enverra un prélèvement de selles au laboratoire d'analyses. Les diarrhées bactériennes sont graves et nécessitent parfois une hospitalisation.

Diarrhée due à des antibiotiques

Certains antibiotiques prescrits pour les chiens et les chats (par exemple, l'Amoxil) peuvent tuer votre lapin. La raison en est simple. La flore intestinale du lapin est composée en grande partie par des bactéries appelées « Gram + » et quelques bactéries « Gram - ». Ces antibiotiques tuent les bactéries « Gram + » qui sont essentielles au lapin et les bactéries « Gram - » se multiplient. Ces dernières produisent des toxines et des irritants intestinaux, et des diarrhées sévères surviennent. N'utilisez que les antibiotiques prescrits par votre vétérinaire spécialiste. Une antibiothérapie adéquate ne causera aucun tort à votre lapin.

TUMEUR DE L'UTÉRUS

L'adénocarcinome de l'utérus est le cancer le plus fréquent chez la lapine. Cette tumeur maligne envoie des métastases aux glandes mammaires et aux organes vitaux. Pour cette raison, l'ovariohystérectomie est fortement recommandée chez toutes les lapines. On peut effectuer la stérilisation dès l'âge de cinq à six mois. Des études ont démontré que certaines lignées de lapins ont jusqu'à 80 % de risques de développer un tel cancer vers l'âge de cinq à huit ans. Ainsi, une lapine stérilisée voit sa longévité substantiellement augmentée (10 à 12 ans). Parfois, l'hématurie (sang dans l'urine) ou les pertes sanguines sous forme de petits caillots annoncent la maladie. Une radiographie permettra au vétérinaire de différencier une maladie utérine d'une maladie urinaire. Il faut envisager une chirurgie dans les plus brefs délais si une masse est détectée sur l'utérus ou si une pierre est présente dans la vessie.

HYPERCALCIURIE

Les lapins sont souvent atteints d'hypercalciurie ou excès de calcium dans l'urine pour les raisons suivantes.
- Il excrète son surplus de calcium directement dans l'urine.
- La luzerne omniprésente dans son alimentation (moulée, foin) est riche en calcium.
- Certains blocs minéraux offerts aux lapins contiennent du calcium.

De plus, l'urine du lapin a un pH alcalin, ce qui favorise la précipitation du calcium sous forme de sels insolubles. Ainsi, il n'est pas exceptionnel de trouver des cristaux dans l'urine analysée au microscope. En excès, ils forment du sable dans la vessie, terrain favorable aux infections. Dans les cas extrêmes, ce sable fusionne et forme des pierres urinaires pouvant, à l'occasion, atteindre des dimensions importantes. Si votre lapin semble abattu, manque d'appétit, force pour uriner ou a du sang dans son urine, il a probablement une infection urinaire, ou du sable ou des pierres dans la vessie. Consultez rapidement un vétérinaire, car un blocage urinaire peut être fatal. Il vous proposera une radiographie, une analyse d'urine ou une culture d'urine et adaptera son traitement aux résultats (antibiotiques ou chirurgie, ou les deux).

Pour tous les problèmes urinaires, il faut modifier l'alimentation en diminuant au maximum l'ingestion de calcium. Pour ce faire, la moulée est offerte avec modération. Le foin de luzerne est systématiquement remplacé par un foin de graminée et les légumes sont donnés sans restriction.

Aliments pauvres en calcium
Asperge
Aubergine
Carotte
Chou
Chou-fleur
Citrouille (feuille et chair)

Coriandre
Courge d'été
Courgette
Endive
Épinard
Laitue romaine
Navet
Poivrons
Pousses de radis
Radis

MALOCCLUSION

Les dents du lapin poussent continuellement et s'usent les unes con-tre les autres lorsque le lapin mange ou ronge. Les incisives peuvent allonger de 10 à 12 cm par année.

La malocclusion (mauvais positionnement des dents les unes par rap-port aux autres) entraîne une usure inadéquate et la croissance excessive des dents impliquées. Si la malocclusion touche les incisives, elles atteignent parfois une longueur impressionnante et blessent le nez, les lèvres ou le palais. Chez le jeune individu (six mois ou moins), un défaut génétique d'alignement de la mâchoire est probablement la cause. En effet, près de 30 % des lapins sont porteurs de ce gène. Chez les plus vieux, la cause est souvent associée à un trauma (dent cassée), un abcès (dent instable), ou une tumeur (dent déviée). Une dent qui perd son opposée a tendance à pousser excessivement.

Les molaires et les prémolaires peuvent aussi s'user inadéquatement et causer des blessures à la joue ou à la langue. La malocclusion est un problème complexe qui nécessite des soins réguliers. Il faut en trouver la cause et si possible la corriger. On doit tailler les dents anormales à intervalles réguliers, en moyenne une fois par mois. La fréquence des coupes diffère toutefois d'un individu à l'autre. Un lapin se débrouille très bien sans ses incisives. Si les coupes fréquentes vous causent un problème, discutez avec votre vétérinaire de la possibilité de les extraire.

Signes annonçant une malocclusion :

- refus de manger des aliments durs alors que l'animal accepte les mous ;
- diminution de l'envie de gruger ;
- douleur à la palpation des joues ;
- mauvaise haleine ;
- ptyalisme (production excessive de salive qui s'écoule aux coins de la bouche et sous le menton).

DENTITION DU LAPIN
Dentition normale

VUE DE FACE   VUE DE CÔTÉ (INCISIVES)

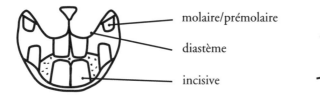

molaire/prémolaire

diastème

incisive

Malocclusion des incisives

VUE DE FACE   VUE DE CÔTÉ (INCISIVES)

Malocclusion des prémolaires/molaires

VUE DE FACE

pointes dentaires
blessant les joues et
la langue

L'URINE ROUGE

La couleur normale de l'urine du lapin peut passer du jaune clair au beige, jusqu'à l'orangé. Certains pigments contenus dans les plantes (porphyrines) sont responsables de la teinte orangée de l'urine. Leur passage dans l'urine lui donne une couleur rouge brique pouvant s'apparenter à la couleur du sang. En cas de doute, faites effectuer un test par votre vétérinaire.

LA TEIGNE

Causée par des champignons microscopiques qui se nourrissent de poils et de la couche superficielle de la peau, la teigne est transmissible à tous les animaux à fourrure et aux humains. Toute région sans poils doit être examinée par votre vétérinaire. Il effectuera d'abord un prélèvement et dans le cas d'un diagnostic positif, il prescrira un traitement locale pour les cas mineurs ou une médication orale si tout l'animal est infecté. Il est important de bien désinfecter l'environnement de l'animal à l'eau de Javel.

PARASITES EXTERNES

Les puces peuvent infester le lapin. Il est important de traiter l'animal et son environnement avec des produits recommandés par un vétérinaire.

Il existe d'autres parasites tels que les mites d'oreilles (accumulation plus ou moins importante de croûtes dans les oreilles), et le *Cheyletiella*, un parasite qui produit chez le lapin une quantité impressionnante de pellicules, principalement sur le dos. Ce parasite peut parfois piquer les humains. N'hésitez pas à demander conseil à votre vétérinaire.

DERMATITE DE LÉCHAGE

Pour des raisons inconnues, un lapin peut se lécher avec insistance au même endroit, et ce jusqu'à ce que les poils tombent. On retrouve ces plaques sans poils le plus souvent sous le menton ou sur le dessus des pattes de devant ou de derrière. Il est important de différencier cette maladie sans conséquence de la teigne, car le traitement est différent.

FRACTURES

Muscles puissants et os frêles : voilà la combinaison parfaite pour causer les fractures. Le lapin peut se briser une patte en tombant, en se soustrayant à une contention trop agressive ou tout simplement en contractant violemment les muscles de ses cuisses dans le but de fuir promptement une situation qu'il juge hautement à risque.

On classe les fractures en deux catégories : les fractures fermées et les fractures ouvertes (lorsque l'os transperce la peau). La plupart du temps, le taux de guérison est bon. Grâce à une radiographie, le vétérinaire recommande le type d'immobilisation nécessaire (plâtre, bandage, tiges et vis internes) et informe en même temps de la gravité de la blessure. Des complications sont possibles : infection (en cas de fracture ouverte), déviation de la patte, non-union (la guérison ne s'effectue pas malgré le plâtre ou la chirurgie), arthrite et ankylose.

En cas de fracture fermée, gardez votre lapin au repos dans sa cage en attendant de vous rendre chez le vétérinaire. Ne tentez pas d'immobiliser le membre malade avec une attelle, car vous pourriez aggraver une situation déjà délicate. En revanche, en cas de fracture ouverte, recouvrez la plaie avec un bandage stérile pour éviter tout risque de contamination. Consultez immédiatement votre vétérinaire.

On rencontre un autre type de fracture chez le lapin : la fracture de la colonne vertébrale. Infligée lors d'une ruade, elle provoque la paralysie des membres postérieurs et parfois même de la vessie et de l'intestin. L'euthanasie demeure alors la meilleure solution. De rares individus recouvrent leurs fonctions physiologiques après de longs soins intensifs.

L'administration de médicaments

Pour éviter que votre lapin ne tapisse vos murs avec ses médicaments, suivez la méthode suivante.

Premièrement, préparez la dose exacte. Réduisez les comprimés en poudre. Puis incorporez-la à une petite quantité de purée pour bébés. Introduisez ce mélange dans une seringue ou un compte-gouttes. Outre la purée pour bébés, vous pouvez utiliser de la purée de pommes, des framboises écrasées, une banane réduite en purée, du jus de fruits ou du jus de légumes (genre V-8).

Deuxièmement, enveloppez votre lapin dans une serviette, déposez-le sur une table et couvrez ses yeux avec votre main gauche. La main droite manipule la seringue ou le compte-gouttes. Introduisez l'instrument dans la bouche par le côté droit, juste derrière les incisives, au niveau du diastème (voir chapitre II et illustration de la page 96). Il ne vous reste plus qu'à injecter lentement le médicament. Restez calme et patient. Parlez doucement à votre lapin pour le rassurer. Si vous êtes stressé, il le sentira. Calmez-vous et recommencez un peu plus tard...

Convalescence

Si votre lapin a subi une chirurgie majeure ou a été incommodé par un problème dentaire sévère, il peut devenir anorexique. Si ce refus de s'alimenter perdure, les cellules de son foie commenceront à se détruire, et cela pourrait lui être fatal.

Assurez-vous qu'il mange adéquatement pendant sa convalescence.

- Les feuilles de pissenlit, le trèfle, le persil, les queues de carotte et les verdures fraîches sont des aliments qui stimulent l'appétit capricieux.
- Si nécessaire, vous pouvez le nourrir à la seringue ou au compte-gouttes avec de la purée de légumes ou de fruits (purée maison ou purée pour bébés commerciale, sans sucre et sans amidon ajoutés). Si votre lapin ne mange pas spontanément la purée, utilisez la méthode décrite pour l'administration des médicaments.
- Pour les cas difficiles, essayez la recette suivante. Réduisez en purée une demi-banane. Ajoutez-y 75 g (⅓ tasse) de moulée broyée et assez de gruau naturel pour pouvoir former des petites boulettes. La majorité des lapins adorent cette gâterie. Il n'y a aucun problème à la lui offrir sur une base temporaire.

Pour une convalescence heureuse…
- Isolez le lapin malade dans un endroit tempéré (20 à 25 °C) et calme.
- Offrez-lui sa nourriture préférée. S'il refuse de s'alimenter, de la purée pour bébé aux légumes ou aux fruits peut le soutenir momentanément.
- S'il ne boit pas suffisamment, faites-le boire au compte-gouttes.
- Assurez-vous d'administrer les médicaments tel que prescrits, et ce jusqu'à la fin du traitement.
- N'hésitez pas à communiquer de nouveau avec votre vétérinaire pour toutes questions concernant l'évolution de l'état de santé de votre animal.

Épilogue

Monsieur Lapin a inspiré un tas de proverbes et d'expressions! En voici quelques-uns avec leur signification.

- Ça ne vaut pas un pet de lapin : ça n'a aucune valeur.
- Poser un lapin à quelqu'un : ne pas se présenter à un rendez-vous.
- Être chaud lapin ou Chaud comme un lapin : être sensuel, très attentionné et insistant auprès des femmes.
- Être droit comme les oreilles d'un lapin : être au garde-à-vous, bien droit.
- Faire quelque chose en criant lapin : faire quelque chose très rapidement.
- Être une mère lapine : avoir beaucoup d'enfants.
- Propre comme un lapin : garder ses vêtements toujours très propres.
- Avoir une mémoire de lapin : oublier rapidement une information donnée.
- Courir comme un lapin : être en bonne santé.
- Être paré comme un lapin : porter un beau vêtement.

Au fil des siècles, le lapin a nourri l'imaginaire des gens et fait naître plusieurs superstitions amusantes.

Parlons de la fameuse patte de lapin. Pour certains, la gauche possède le pouvoir d'attirer la chance et le bonheur. Il faut la garder sur soi en tout temps, mais attention, sa perte implique automatiquement la malchance. La suspendre au-dessus du lit d'un enfant ou la mettre en contact avec la peau d'un nouveau-né assurera à cet enfant une vie heureuse et le protégera de toute malédiction.

Voir un lapin blanc près de sa maison annonce la mort. Si, sur le chemin vers son travail, un mineur le rencontre, une catastrophe est à prévoir.

Répéter trois fois «lapin blanc» le premier jour de chaque mois assure le bonheur pour tout le mois.

Un lapereau qui, à la naissance, a les yeux ouverts (ce qui est impossible), a la faculté d'éloigner le diable.

Mais de toutes les traditions, la plus charmante est celle de Pâques: Monsieur Lapin a l'importante tâche d'apporter les œufs de Pâques aux enfants. Merci, Monsieur Lapin!

Table des matières

LES ÉDITIONS DE
L'HOMME

Ouvrages parus aux Éditions de l'Homme

Animaux

* **Le chien dans votre vie,** Matthew Margolis et Catherine Swan
  Chiens hors du commun, Dr Joël Dehasse
  L'éducation du chien, Dr Joël Dehasse et Dr Colette de Buyser
* **Encyclopédie des oiseaux du Québec,** W. Earl Godfrey
* **Guide des oiseaux saison par saison,** André Dion et Michel Sokolyk
* **Nos animaux,** D. W. Stokes et L. Q. Stokes
* **Nos oiseaux, tome 1,** Donald W. Stokes
* **Nos oiseaux, tome 2,** Donald W. Stokes et Lillian Q. Stokes
* **Nos oiseaux, tome 3,** Donald W. Stokes et Lillian Q. Stokes
* **Nourrir nos oiseaux toute l'année,** André Dion et André Demers
  La palette sauvage d'Audubon, David M. Lank
* **Papillons et chenilles du Québec et de l'est du Canada,** Jean-Paul Laplante
  Vous et vos oiseaux de compagnie, Jacqueline Huard-Viaux
  Vous et vos poissons d'aquarium, Sonia Ganiel
  Vous et votre bâtard, Ata Mamzer
  Vous et votre Beagle, Martin Eylat
  Vous et votre Beauceron, Pierre Boistel
  Vous et votre Berger allemand, Martin Eylat
  Vous et votre Bernois, Pierre Van Der Heyden
  Vous et votre Bobtail, Pierre Boistel
  Vous et votre Boxer, Sylvain Herriot
  Vous et votre Braque allemand, Martin Eylat
  Vous et votre Briard, Pierre Van Der Heyden
  Vous et votre Bulldog, Pierre Van Der Heyden
  Vous et votre Bullmastiff, Pierre Van Der Heyden
  Vous et votre Caniche, Sav Shira
  Vous et votre Chartreux, Odette Eylat
  Vous et votre chat de gouttière, Annie Mamzer
  Vous et votre chat tigré, Odette Eylat
  Vous et votre Chihuahua, Martin Eylat
  Vous et votre Chow-chow, Pierre Boistel
  Vous et votre Cockatiel (Perruche callopsite), Michèle Pilotte
  Vous et votre Collie, Léon Éthier
  Vous et votre Dalmatien, Martin Eylat
  Vous et votre Danois, Martin Eylat
  Vous et votre Doberman, Paula Denis
  Vous et votre Épagneul breton, Sylvain Herriot
  Vous et votre furet, Manon Paradis
  Vous et votre Husky, Martin Eylat
  Vous et votre Labrador, Pierre Van Der Heyden
  Vous et votre Lévrier afghan, Martin Eylat
  Vous et votre lézard, Michèle Pilotte
  Vous et votre Loulou de Poméranie, Martin Eylat
  Vous et votre perroquet, Michèle Pilotte
  Vous et votre perruche ondulée, Michèle Pilotte
  Vous et votre petit rongeur, Martin Eylat

Vous et votre Rottweiler, Martin Eylat
Vous et votre Schnauzer, Martin Eylat
Vous et votre serpent, Guy Deland
Vous et votre Setter anglais, Martin Eylat
Vous et votre Siamois, Odette Eylat
Vous et votre Teckel, Pierre Boistel
Vous et votre Terre-Neuve, Marie-Edmée Pacreau
Vous et votre Tervueren, Pierre Van Der Heyden
Vous et votre tortue, André Gaudette
Vous et votre Westie, Léon Éthier
Vous et votre Yorkshire, Sandra Larochelle

Plein air, sports, loisirs

* **30 ans de photos de hockey,** Denis Brodeur
* **L'ABC du bridge,** Frank Stewart et Randall Baron
* **Almanach chasse et pêche 93,** Alain Demers
  L'arc et la chasse, Greg Guardo
* **Les armes de chasse,** Charles Petit-Martinon
  L'art du pliage du papier, Robert Harbin
  La basse sans professeur, Laurence Canty
  La batterie sans professeur, James Blades et Johnny Dean
  Beautés sauvages du Québec, H. Wittenborn et A. Croteau
  Les bons cigares, H. Paul Jeffers et Kevin Gordon
  Le bridge, Viviane Beaulieu
  Carte et boussole, Björn Kjellström
  Le chant sans professeur, Graham Hewitt
* **Charlevoix,** Mia et Klaus
  La clarinette sans professeur, John Robert Brown
  Le clavier électronique sans professeur, Roger Evans
  Comment vaincre la peur de l'eau..., R. Zumbrunnen et J. Fouace
  Le golf après 50 ans, Jacques Barrette et Dr Pierre Lacoste
* **Les clés du scrabble,** Pierre-André Sigal et Michel Raineri
  Corrigez vos défauts au golf, Yves Bergeron
* **Le curling,** Ed Lukowich
* **De la hanche aux doigts de pieds — Guide santé pour l'athlète,** M. J. Schneider et
  M. D. Sussman
* **Devenir gardien de but au hockey,** François Allaire
* **Les éphémères du pêcheur québécois,** Yvon Dulude
  L'esprit de l'aïkido, Massimo N. di Villadorata
* **Exceller au softball,** Dick Walker
* **Exceller au tennis,** Charles Bracken
* **Les Expos,** Denis Brodeur et Daniel Caza
  La flûte à bec sans professeur, Alain Bergeron
  La flûte traversière sans professeur, Howard Harrison
* **Les gardiens de but au hockey,** Denis Brodeur
  Le golf au féminin, Yves Bergeron et André Maltais
  Le grand livre des sports, Le groupe Diagram
  Les grands du hockey, Denis Brodeur
  Le guide complet du judo, Louis Arpin
  Le guide complet du self-defense, Louis Arpin
* **Le guide de la chasse,** Jean Pagé
* **Guide de la forêt québécoise,** André Croteau
* **Le guide de la pêche au Québec,** Jean Pagé
  Guide de mise en forme, P. Anctil, G. Thibault et P. Bergeron
* **Le guide des auberges et relais de campagne du Québec,** François Trépanier

Tous les secrets du golf selon Arnold Palmer, Arnold Palmer
La trompette sans professeur, Digby Fairweather
* **Les vacances en famille: comment s'en sortir vivant,** Erma Bombeck
Villeneuve — Ma première saison en Formule 1, J. Villeneuve et G. Donaldson
Le violon sans professeur, Max Jaffa
Voir plus clair aux échecs, Henri Tranquille et Louis Morin
Le volley-ball, Fédération de volley-ball

 **le jour,
éditeur**

Ouvrages parus au Jour

Affaires, loisirs, vie pratique

* **L'affrontement,** Henri Lamoureux
* **Les bains flottants,** Michael Hutchison
* **Conte pour buveurs attardés,** Michel Tremblay
* **La France à la québécoise,** André Bergeron et Émile Roberge
* **Le guide du répondeur bien branché,** Robert Blondin et Lucie Dumoulin
* **J'avais oublié que l'amour fût si beau,** Évette Doré-Joyal
* **Jean-Paul ou les hasards de la vie,** Marcel Bellier
* **Oslovik fait la bombe,** Oslovik
* **Questions réponses sur vos droits et recours,** François Huot

Animaux

Attirer les oiseaux, les loger, les nourrir, André Dion
Le bâtard, Dr Joël Dehasse
Le beagle, Dr Joël Dehasse
Le berger allemand, Dr Joël Dehasse
Le berger belge, Dr Joël Dehasse
Le bichon maltais, Dr Joël Dehasse
Le bobtail, Dr Joël Dehasse
Le bouvier bernois, Dr Joël Dehasse
Le bouvier des flandres, Dr Joël Dehasse
Le boxer, Dr Joël Dehasse
Le braque allemand, Dr Joël Dehasse
Le braque de Weimar, Dr Joël Dehasse
Le caniche, Dr Joël Dehasse
Les caniches nains et moyens, Dr Joël Dehasse
Le chat de gouttière, Nadège Devaux
Le chat himalayen, Nadège Devaux
Chats hors du commun, Dr Joël Dehasse
Chiens hors du commun, Dr Joël Dehasse
Le chow-chow, Dr Joël Dehasse
Le cochon d'Inde, Michèle Pilotte
Le cockatiel (perruche callopsite), Michèle Pilotte
Le cocker américain, Dr Joël Dehasse
Le cocker spaniel, Dr Joël Dehasse
Le colley, Dr Joël Dehasse
Le dalmatien, Dr Joël Dehasse

Le doberman, Dr Joël Dehasse
Le dogue allemand (le danois), Dr Joël Dehasse
L'éducation du chien, Dr Joël Dehasse
L'épagneul breton, Dr Joël Dehasse
Le fox-terrier à poil dur, Dr Joël Dehasse
Le golden retriever, Dr Joël Dehasse
Le husky, Dr Joël Dehasse
Les inséparables, Michèle Pilotte
Le Jack Russell terrier, Dr Joël Dehasse
Le labrador, Dr Joël Dehasse
Le lhassa apso, Dr Joël Dehasse
Le persan chinchilla, Nadège Devaux
Les persans, Nadège Devaux
Les pinsons, Michèle Pilotte
Le pit-bull, Dr Joël Dehasse
Le rottweiler, Dr Joël Dehasse
Les schnauzers, Dr Joël Dehasse
Secrets d'oiseaux, Pierre Gingras
Le serin (canari), Michèle Pilotte
Le shar-peï, Dr Joël Dehasse
Le sheltie, Dr Joël Dehasse
Le shih-tzu, Dr Joël Dehasse
Le siamois, Nadège Devaux
Le teckel, Dr Joël Dehasse
Le westie, Dr Joël Dehasse
Le yorkshire, Dr Joël Dehasse

Psychologie, vie affective, vie professionnelle, sexualité

L'accompagnement au soir de la vie, Andrée Gauvin et Roger Régnier
Adieu, Dr Howard M. Halpern
Affirmez votre pouvoir!, Junius Podrug
L'agressivité créatrice, Dr George R. Bach et Dr Herb Goldberg
Aimer, c'est choisir d'être heureux, Barry Neil Kaufman
Aimer son prochain comme soi-même, Joseph Murphy
Les âmes sœurs, Thomas Moore
L'amour lucide, Gay Hendricks et Kathlyn Hendricks
L'amour obsession, Dr Susan Foward
Apprendre à vivre et à aimer, Leo Buscaglia
Arrête! tu m'exaspères — Protéger son territoire, Dr George Bach et Ronald Deutsch
L'art d'engager la conversation et de se faire des amis, Don Gabor
L'art de vivre heureux, Josef Kirschner
L'autosabotage, Michel Kuc
La beauté de Psyché, James Hillman
Le bonheur, c'est un choix, Barry Neil Kaufman
Le burnout, Collectif
Célibataire et heureux!, Vera Peiffer
Ces hommes qui ne communiquent pas, Steven Naifeh et Gregory White Smith
C'est pas la faute des mères!, Paula J. Caplan
Ces vérités vont changer votre vie, Joseph Murphy
Le chemin de la maturité, Dr Clifford Anderson
Chocs toniques, Eric Allenbaugh
Choisir qui on aime, Howard M. Halpern
Les clés pour lâcher prise, Guy Finley
Comment acquérir assurance et audace, Jean Brun
Comment apprendre l'autodiscipline aux enfants, Thomas Gordon

Peter Pan grandit, Dr Dan Kiley
Le pouvoir créateur de la colère, Harriet Goldhor Lerner
Le pouvoir de la motivation intérieure, Shad Helmstetter
La puissance de la pensée positive, Norman Vincent Peale
Prier pour lâcher prise, Guy Finley
La puissance de votre subconscient, Dr Joseph Murphy
* **Quand l'amour ne va plus,** Ann Jones et Susan Schechter
Quand on peut on veut, Lynne Bernfield
Questions réponses sur le plaisir sexuel de la femme, D. Brouillette et M. C. Courchesne
* **La rage au cœur,** Martine Langelier
Rebelles, de mère en fille, Linda Schierse Leonard
Réfléchissez et devenez riche, Napoleon Hill
Retrouver l'enfant en soi, John Bradshaw
S'affirmer — Savoir prendre sa place, R. E. Alberti et M. L. Emmons
S'affranchir de la honte, John Bradshaw
S'aimer ou le défi des relations humaines, Leo Buscaglia
S'aimer sans se fuir, Roy F. Baumeister
Savoir quand quitter, Jack Barranger
Les secrets de la communication, Richard Bandler et John Grinder
Se faire obéir des enfants sans frapper et sans crier, B. Unell et J. Wyckoff
Seuls ensemble, Dan Kiley
La sexualité des jeunes, Dr Guy Falardeau
Le succès par la pensée constructive, Napoleon Hill
La survie du couple, John Wright
Tous les chemins mènent à soi, Laurie Beth Jones
Triomphez de vous-même et des autres, Dr Joseph Murphy
* **Un homme au dessert,** Sonya Friedman
* **Uniques au monde!,** Jeanette Biondi
Vaincre l'ennemi en soi, Guy Finley
Vivre à deux aujourd'hui, Collectif sous la direction de Roger Tessier
Vivre avec passion, David Gershon et Gail Straub
Les voies de l'émerveillement, Guy Finley
Votre corps vous parle, écoutez-le!, Henry G. Tietze
Vouloir vivre, Andrée Gauvin et Roger Régnier
* **Vous êtes doué et vous ne le savez pas,** Barbara Sher
Vous êtes vraiment trop bonne…, Claudia Bepko et Jo-Ann Krestan

---

Cet ouvrage a été achevé d'imprimer
en septembre 1999.

IMPRESSION
IMPRIMERIE GAGNÉ